青史未老

蔡登山 著

序：青史未老

蔡登山

我喜歡京劇《紅鬃烈馬．武家坡》的兩句唱詞：「少年子弟江湖老，紅粉佳人兩鬢斑。」說的是歲月如刀，流水無情，曾經是「少年子弟」，曾經是「紅粉佳人」，如今都「江湖老」，都「兩鬢斑」了！我也曾年少輕狂，也曾中年壯志，而轉瞬間已將過七十寒暑了，如今不僅「兩鬢斑」而且「白」了「少年頭」！撫今思昔，感慨何止萬千！

大疫三年，期間雖也寫些文章，但大多時間忙於編書，總想把手頭上發現的史料或文章整理出版，其中二〇二二年一年間竟出版二十餘本書，其忙碌之況可說席不暇暖，而該年年中又接獲另一新的寫作專題，此專題蠻龐大的，恐得費去幾年的時光亦未可知。因此幾年前設下每年寫本新書的計劃，完全打亂，真是人算不如天算！

如今檢點這三年中寫的十來篇文章，再找出先前發表的幾篇算是有些「新發現」的文章，編成一集，內容還是我所偏好的文史，可喜的是都還是頗有新意的，幾篇舊作，當年都引起不少轟動和話題的。新寫的十來篇，有的從書信、日記及各種珍貴文獻去考察探索事件的原委，有不少新的「發現」。我一直覺得歷史的真相在於細節，而這些細節必須靠著各種資料去梳理，因此新資料的出土常常可以釐清許多「真相」，甚至改變先前的種種說法，這也是歷史所以吸引我，而我也一直樂此不疲地去發現和探索的原因所在。書信一直是我非常看重的，尤其是許多拍賣圖錄新出來的書信，有得非常重要，是前人所未及見的，這些散佚的書信常常可以解開許多謎團，我稱之為「歷史的腳注」。由於有這些新的文獻的不斷湧現，歷史就不斷有重新被解讀的可能，書中的這些文章，都是我試圖用新的「發現」去「重看」一些事件，甚至重新解讀一個人，也因此歷史的事件或人物，又重新「活」過一次！

人事有代謝，往來成古今，確實人生不過短短幾個秋，少年子弟江湖老，但「青史未老」，只要你不斷地提供它「活水」泉源！即使黯淡了刀光劍影，即使遠去了戰鼓雷鳴，但它依然可「以史為鏡」帶給我們無盡的省思。也將此書獻給喜好文史的朋友，是為之序，並感謝陳昆乾校長為此書題字。

目次

序：青史未老 3
《人間四月天》外一章——從梁思成、林徽音的文定禮看梁啟超的舐犢情深 7
徐芳與胡適的一段情緣 17
胡適日記中的鄭毓秀 37
滄桑看虹——沈從文的一次「偶然」 51
從一篇佚文看蘇青與姜貴的一段情 63
書癡兼情癡的史學天才張蔭麟 91
半生情誼——吳景超．龔業雅．梁實秋 101

千古文章未盡才的吳其昌　113
康有為派梁鐵君刺殺慈禧始末　123
劉士驥命案中的康有為與梁啟超　155
劉學詢在孫中山、李鴻章、康有為之間　169
瓊彩樓財務糾紛：康有為與譚良的決裂　187
千年滄桑〈寒食帖〉　205
我編朱省齋的《樸園文存》　221
落花時節又逢君——我與定公的一段書緣　231
藹然長者——憶和天公晚年的交往　241
最是人間留不住——方瑋德、黎憲初、陳之邁的情緣　249

《人間四月天》外一章
——從梁思成、林徽音的文定禮看梁啟超的舐犢情深

梁啟超的名字在中國近現代史上，可說是如雷貫耳，詩人、外交家黃遵憲稱許他：「驚心動魄，一字千金，人人筆下所無，卻為人人意中所有，雖鐵石人亦應感動。從古至今，文字之力之大，無過於此者矣。」除此而外，梁啟超還有一項是其他人無法做到的，他有九個子女，而九人皆成材，其中還「一門三院士」。他們分別是：梁思順（女）——詩詞研究家、外交官夫人；梁思成——著名建築學家、院士；梁思永——著名考古學家、院士；梁思忠——西點軍校畢業，炮兵校官；梁思莊（女）——著名圖書館學家；梁思達——著名經濟學家；梁思懿（女）——曾任中國紅十字會對外聯絡部主任；梁思寧（女）——早年就讀南開大學，後參加革命；梁思禮——著名火箭控制系統專家、院士。二〇〇五年我拍梁啟超的紀錄片，還在北京訪問過么兒梁思禮，長得酷似乃父。在女兒的教育上，梁啟超既是慈父、導師，又是親密的朋友。愛而不溺，嚴而不苛，充分尊重孩子的個性興趣，如此才能讓女兒在自己感興趣的領域上充分發展而成為專家。

梁啟超對於女兒的戀愛婚姻，至為關心，他深知「包辦婚姻」之害，於是當子女談婚論嫁時，堅決不搞「父母之命，媒妁之言」的那一套。他探索出了「父母選擇，子女做主」的方式，他在給

大女兒思順的信中說：「我對於你們的婚姻，得意得了不得，我覺得我的方法好極了，由我觀察看定一個人，給你們介紹，最後的決定在你們自己，我想這真是理想的婚姻制度。」同樣地有「梁上君子，林下美人」之譽的梁思成與林徽音的婚戀，也是梁啟超「精心策劃」的。

梁啟超和林徽音的父親林長民（宗孟）其實早就熟識了，一九一三年五月林長民任進步黨的政務部部長，他與梁啟超、湯化龍等均為進步黨的領導人物。一九一七年七月林長民出任段祺瑞內閣的司法總長，梁啟超則為段內閣的財政總長，只是他們都同時只幹了三個月就都辭職了。林長民還刻了一顆「三月司寇」之印，為人書件，每喜用之。他們兩人有著深厚的革命友情，有著同樣的抱負理想。而恰好梁啟超有一子，林長民有一女，遂有結為兒女親家之約。一九一九年，在兩位老爹的撮合下，梁思成與林徽音在北京見了面，此時梁思成才十八歲，而林徽音更小才十五歲。林長民深愛他的掌上明珠，他們父女之間的關係，正如徐志摩在〈傷雙栝老人〉中所說：「這父女不是尋常的父女」。他們是父女，更是知己。林長民就曾不無驕傲地說：「做一個有天才的女兒的父親，不是容易享的福，你得放低你天倫的輩分，先求做到友誼的瞭解。」

一九二〇年林長民以「國際聯盟中國協會」成員的身份被派赴歐洲訪問考察。他帶著十六歲的女兒徽音同行，並對她說：「我此次遠遊攜汝同行，第一要汝多觀覽諸國事物增長見識；第二要汝近在我身邊能領悟我的胸次懷抱；第三要汝暫時離去家庭煩瑣生活，俾得擴大眼光養成將來改良社會的見解與能力⋯⋯」他們遊歷了法國、義大利、瑞士、德國、比利時的一些城市。這是父親教女兒放眼看世界的方式。在英國期間，當林長民發覺徐志摩正熱烈地追求徽音，身為父親的他斷然地帶著女兒，不告而別地提前返國，因為他和梁啟超先前有成言在先，徽音未來是梁家的媳婦。而不久徐志摩才發覺林徽音已返國也趕緊追回北京，繼續對林徽音用情。於是後來梁啟超忍不住出手了，他在一九二三年一月二日，給徐志摩寫信，動之以情，曉之以理，讓他放棄對林徽音的追求。梁啟超的「善意」勸誡，徐志摩不但不予理會，更是據情力爭，他回覆老師梁啟超的信有「我將在茫茫人海中尋訪我唯一之靈魂伴侶。得之，我幸；不得，我命。」之語，於是僅過五日，梁啟超終於拿出最後的殺手鐧，他在給思順的信中說：「思成與徽音已互定終身。」其動作簡直迅雷不及掩耳。但除了外患，梁啟超還要面對內憂，因為妻子李蕙仙對於林徽音的觀感不佳，認為她很不「大家閨秀」。認為梁思成娶她是不會幸福的。即使到了一九二四年七月，兩人都已雙雙赴美留學了，梁思成還是經常收到姐姐思順的來信，反覆傳達的是母親對林徽音反感，堅決反對他們結婚。李蕙仙的一票否決，令所有人苦惱萬分，直到同年九月李蕙仙因病去世，危機才告解除。

　　但好景不常，一九二五年十二月二十四日林長民在東北因郭松齡之叛變而死於流彈，消息傳來，京城震驚，很多人都為這個不世之才的慘死極為惋惜。梁啟超、章士釗都寫有輓聯，福建耆宿、曾任溥儀老師的陳寶琛更輓以聯有：「喪身亂世非關命，感舊儒門惜此才」之嘆。而當時遠在美國求學的林徽音，並不知道父親的噩耗，最後還是從梁啟超的急電中得到了訊息。聽聞父親的慘死，她幾乎哭暈過去，大家都擔心她經受不住如此的打擊而自尋短見。因此梁啟超在十二月二十七日給思成寫了一封長信，讓他多關照徽音：「第一，你要自己十分鎮定，不可因刺激太劇，致傷自己的身體……令萬里外的老父為著你寢食不寧，這是第一層。徽音遭此慘痛，唯一的伴侶，唯一的安慰，就只靠你。你要自己鎮靜著，才能安慰他（她），這是第二層。」父親的離世，頓失經濟來源，使林徽音不得不想到打工掙錢，梁啟超得知後，立刻阻止她，並籌集了兩千美元，用來給她留學之用，梁啟超並在給思成的同信寫道：「你可以將我的話告訴她：我和林叔的關係，她是知道的，林叔的女兒，就是我的女兒，何況以你們兩個的關係。我從今以後，把她和思莊一樣看待，在無可慰藉之中，我願意她領受我這種十二分的同情，度過她目前的苦境。」「學費不成問題，只算我多一個女兒在外國留學便了，你們不必因此著急。」從此林徽音的學費生活費，及其生母之贍養費，均全賴梁家來照料，此種恩情，已逼使林徽音的愛情必須修成正果的境地了。

一九二七年六月，林徽音在賓州大學美術學院畢業，獲學士學位，又轉入耶魯大學戲劇學院，學習舞臺美術半年。同年二月，梁思成也完成了賓州大學課程，獲建築學士學位，為了研究東方建築，他轉入哈佛大學研究生院，半年之後，他將獲得建築學碩士學位。一九二八年二月，他們將各自完成了自己的學業。在學成歸國之前，梁啟超便開始操勞他們的婚事了。梁林兩人為了紀念李誡這位中國古代著名建築學家，於是選在一九二八年三月二十一日要結婚，因為當天是宋代為工部侍郎李誡立碑刻的日期，梁啟超主張用外國最莊嚴的儀式舉行，由在加拿大任總領事的女婿周希哲和女兒思順幫助籌劃，婚禮在溫哥華舉行。

而在結婚之前，由於雙方的長輩和親人都在國內，於是訂婚、行文定禮等一切都按老規矩操辦，從《梁任公先生年譜長編初稿》（以下簡稱《年譜長編初稿》）我們得知在一九二七年十一月二十五日和十二月四日梁啟超儘管在天津臥病中，仍兩次致函北京的卓君庸，請他與遠在福建的林氏族人商談林徽音與梁思成的文定事細節。卓君庸名定謀（一八八四～一九六五），號自青榭主人，福建閩侯人，早年東渡日本，畢業於日本大學商科大學部。歸國後，任教於北平大學法學院、女子文理學院經濟系、私立中法大學文學院、輔仁大學社會經濟學系，他是寫《天天天藍》的詩人、畫家卓以玉的祖父。卓君庸娶了林徽音之三姑林姮民。在林徽音眼中，她的三姑丈極為風雅，她曾說「我的姑丈卓君庸的『自青榭』倒也不錯，並且他是極歡迎人家借住的，……去年劉子楷太太借住幾星期，客人主人都高興一場的。自青榭在玉泉山對門，雖是平地，卻也別饒風趣，有池、有柳、有荷花鮮藕，有小山坡、有田陌，即是遊臥佛寺、碧雲寺、香山，騎驢洋車皆極方便。」她還曾在一封致胡適的信中談到如胡適需借房舍可向其姑丈求助。可見林徽音與姑丈的關係是相當融洽的。梁啟超給卓君庸的信中說：「小兒與徽音行聘禮事，承公已函閩中鄰家接洽，至感。……交聘以一玉器為主，外更用一小金如意配之（兩家所用可同一樣），公謂何如？大媒此間擬請宰平，（按：梁啟超的好友哲學家林宰平），林家請何人，公當代定。雙方庚帖，今求宰平繕書何如？」。

據《年譜長編初稿》梁啟超在一九二七年十二月十二日有給女兒思順一信中說：「這幾天家

裡忙著為思成行文定禮，已定於十八日在京寓舉行，因婚禮十有八、九是在美舉行，所以此次行文定禮特別莊嚴慎重些。晨起謁祖告聘，男女兩家皆用全帖遍拜長親，午間大宴，晚間家族歡宴。我本擬是日入京，但（一）因京中近日風潮正來，（二）因養病正見效，入京數日，起居飲食不能如法，恐或再發舊病，故二叔及王姨皆極力主張我勿往，一切由二叔代為執行，也是一樣的。」信中說文定之禮由思順的二叔來主持，二叔也就是梁啟超的大弟梁啟勳。梁啟勳（一八七六～一九六五），字仲策，他比梁啟超小三歲，因年齡相近，兩人關係甚為親密，梁啟勳後來成為著名詞學家、翻譯家。梁啟勳在才學和影響上儘管不能和其兄比肩，但仍不愧為學兼中西、識貫古今的學術名家。作為情深意篤的同胞兄弟，梁啟勳深得長兄的信任和關照，是梁啟超在政治文化活動和料理家族事務上的得力助手。從萬木草堂時期開始，一直到梁啟超去世，二人共同進退，雙星閃耀，時人比之蘇軾昆仲。

其實在這之前在天津的梁啟超一直和在北京的梁啟勳保持通信，只是這些信件後來在丁文江編《年譜長編初稿》（按：一九三六年編成）時，梁啟勳並未拿出來，因此世人並不知籌辦文定禮的細節及梁啟超的一番苦心。直到二〇一二年匡時國際拍賣公司的拍品《南長街五十四號梁氏檔案》公開（南長街五十四號是梁啟勳北京的居所，也是當時梁思成、林徽音文定禮舉辦的地方），赫然有梁啟超寫給梁啟勳的二百二十六封書札，其中就有一九二七年十二月二日、三日、七日、十七日、十九日、二十八日的信函，都是談及有關此次文定禮的事情。尤以十二月七日的信最為詳盡，首先梁啟超要梁啟勳去拜訪卓君庸當面相談相關事宜。再者說：「庚帖已面請君庸書寫（宰平主張者，因君庸堂上具慶夫婦齊眉，兒女成行），可下一『全紅夾單帖』正式奉請。」再者又說：「大媒已請定林宰平。」而對於給林家的拜帖，梁啟超更是十分的講究，免得失禮，他說：「其拜主婚帖（即拜宗孟之弟及其弟婦者）例用雙福（五開全紅），寫『忝姻愚弟梁〇〇偕簉室王氏頓首檢衽拜』，封套寫『林親家二老爺、二太太』。另一帖（都是五開全紅）用王姨名拜徽音生母帖寫『歸安定簉室王氏檢衽拜』，封套寫『林親家姨太太』（其二姨太太似宜別下一帖）。」在這裡簉室王氏是指梁啟超的側室王桂荃（也就是給思順信中說的王姨），而姨太太是指林徽音的生母何雪媛，因為林長民的元配葉氏是指腹為婚的，後來過世後林長民再娶何雪媛，二姨太太是指林長民的小妾程桂林，林徽音的弟妹均為程氏所生。

至於「聘物林家用一玉印，據君庸言該印本是一對，故當仲恕未購定玉佩以前，曾與君庸言兩家各購其一，印文互刻新郎新婦名。今我家既已購定，本來最好是林家並購雙印送我，但不便作此要求，仍由我家購其一便是。但我家所購者印文擬不刻徽音名，但刻『長宜子孫』（告君庸言預備彼夫婦可通用，故刻一吉祥語）四字陰文，請託君庸代購代刻。該印據君庸說雙印共索金三百餘元，今我購其一，須一百五十元內外。另刻資恐須二三十元，又託君庸代購庚帖（雖所費極微），可先撥百八十元交君庸為代購印刻印及各雜費之用。前曾告君庸欲雙方各用一『寸許之小金如意』，但恐定製費時趕不上，免去可耳（若有現成者則不妨購，一併託君庸便是）。」

至於「行禮之日，家中大門易掛一紅綠綢彩（簡單兩段綢子便是），向祖宗神位前行告聘禮，將聘物陳在祭桌上，祭畢乃交大賓將去。另有告辭一篇別紙抄上，可用紅帖寫好，屆時弟代我行禮。啟雄或思永讀告辭。行禮最好是在上午，禮畢即在家裡請大賓宴（午餐），可詢君庸林家所請大賓為誰，一併先下請帖。請帖用我兄弟三人名義（用紅柬），不必書明為何事，但用『潔尊候教』字樣便得。」梁啟超認為婚姻之事不能草率，況且林長民去世不久，把文定禮辦得鄭重一些，也算是給林家的一個安慰。因此，他在信中對林家人的安排格外用心，比如在安排座席時，他特別囑咐梁啟勳「坐位是林家大媒首席，我家大媒次之，汝代表主人須親自送酒定席」，並要梁啟勳將他「不便到京之理由，請向兩大賓及君庸前道歉」。

而在文定禮的前一天，梁啟超再度從天津寫信給梁啟勳說：「此書到時或已禮成矣。為我謝諸賓，當弗以慢見罪也。自青樹詩明日當試為之。」而十二月十九日又有信說：「昨日事想都辦，眾賓歡耶。廷燦日內若來津，則聘物可交彼帶來，雙方庚譜一併帶出亦可。……自青樹詩尚未成（我作詩本甚艱），……但旬日內終當踐約耳，希告君庸。」梁啟超在天津抱病卻大小事指揮若定，包括為答謝卓君庸（自青樹），他答應寫詩為贈，但還沒寫成，深以為歉，但保證在旬日內會完成！到了十二月二十八日梁啟超再寫信告知梁啟勳說：「庚帖照片收，當即寄美，如此清晰甚難得也。」

至此文定禮總算大功告成了，由這些書信我們可以看到梁啟超為文定禮的設想之周到，幾乎到了事無巨細的地步。從聘禮的紅綠庚帖，到大媒人選的擇定，都是事必躬親，甚至買一件交聘的玉器，從選料到玉牌孔眼的大小方圓，都考慮得面面俱到。雖然染病在身，但仍心繫愛子的婚事，依足文定禮數，差遣梁啟勳督辦，他拳拳的父愛其意殷殷，其情綿綿，即便今日看來，也是極為動人的。

這些繁瑣的事情，雖然讓梁啟超勞累不堪，但他心裡卻有難以掩飾地高興。他在十二月十八日同時又給思成一封信中說：「這幾天為你們的聘禮，我精神上非常愉快，你想從抱在懷裡『小不點點』（是經過千災百難的），一個孩子盼到成人，品性學問都還算有出息，眼看著就要締結美滿的婚姻，而且不久就要返國，回到懷裡，如何不高興呢？今天的北京家裡典禮極莊嚴熱鬧，天津也相當的小小點綴，我和弟妹們極快樂的玩了半天。想起你媽媽不能小待數年，看見今日，不免有些傷感，但她脫離塵惱，在彼岸上一定是含笑的。除在北京由二叔正式告廟外，今晨已命達達等在神位前默禱達此誠意。」

梁思成和林徽音在溫哥華結婚後，就依照梁啟超要他們的回國路線兼渡蜜月旅行，路線是：「到英國後折往瑞典、挪威一行，因北歐極有特色，市政亦極嚴整有新意必須一往。由是入德國，除幾個古都市外，萊茵河畔著名堡壘最好能參觀一二，回頭折入瑞士，看些天然之美，再入義大利，多耽擱些日子，把文藝復興時代的美，徹底研究瞭解。最後便回到法國，在馬賽上船，中間最好能騰出點時間和金錢到土耳其一行，看看回教的建築和美術，附帶著看土耳其革命後政治。」

一九二八年四月二六日他們還收到梁啟超的來信：「……一家的冢嗣，成此大禮，老人欣悅情懷可想而知。尤其令我喜歡者，我以素來偏愛女孩之人，今又添了一位法律上的女兒，其可愛與我原有的女兒們相等，真是我全生涯中極愉快的 一件事。」是的，從十年前梁啟超與林徽音的初次見面，他就一心想要林徽音成為他的媳婦，在這十年裡，梁啟超運籌帷幄，玉汝於成，成就此一段姻緣。「十年辛苦不尋常」，那能不高興的？難怪他會得意洋洋地說：「徽音又是我第二回的成功」（按：第一回是思順與周希哲），而更令世人高興的是，由於梁啟超的苦心栽培，為我們締造出中國古建築史上一雙傑出的建築家——梁思成與林徽音

PS：在《人間四月天》連續劇中，我們看似本無足輕重的梁啟超，由於更多書信的被發現，我們重新去梳理這段史實發現他才是關鍵人物，曾經是戊戌變法的首腦之一，確實不是簡單的角色，用了十年的時光，籌劃佈局之縝密，難怪身為學生的徐志摩不是其對手。又是人間四月天，重理這段往事，別有一番滋味在心頭！

徐芳與胡適的一段情緣

一、尋訪三〇年代女詩人徐芳

早在二〇〇三年前，因籌拍胡適紀錄片，而得知「徐芳」這個名字，但只知她是北大國文系畢業的高材生，是胡先生的愛徒，其餘則茫昧無稽。

二〇〇五年冬，在大量閱讀史料的過程中，胡適、吳宓的日記、顧頡剛的年譜、張中行的回憶錄、施蟄存的序跋，都提及徐芳這個女詩人，尤其是張中行還是徐芳的同班同學，兩人有過四年的同窗之誼。後來在北大史料的剪報中，尋覓到徐芳代表國文系進謁校長蔣夢麟，談改革系務之事；更有她進謁文學院長胡適，就胡適接替馬裕藻兼任國文系系主任，而提出改革建議的身影。

在北大《歌謠週刊》復刊後，她以北大文科研究所助理的身份，更銜胡適之命，接下該刊長達一年有餘的主編工作。其間她在繁忙的編務工作外，還寫了四篇內容紮實、言之有據的歌謠論文。

抗戰軍興，大批學者、文人輾轉於重慶、昆明等大後方，徐芳也隻身來到西南。施蟄存在昆明就見過她，當時在場的還有吳宓、沈從文、李長之等人，大家都異口同聲地叫著：「女詩人徐芳」。然而到了四〇年代後，這個名字，卻在大家的腦海中淡出了。不僅如此，後來我們遍查文學史、新詩史都未見其留下任何鴻爪，甚至後來連徐芳這個人，也杳如黃鶴了。

二〇〇六年一月間，透過此地一位資深的記者，打通了電話，因緣際會，見到已九十五高齡的徐芳奶奶。時光雖在她的容顏寫下了風霜；卻也在她的腦海中頻添了心史。她面對我的探詢，開啟了記憶之鑰，這些記憶有著時代的印痕，往事歷歷，並不如煙！驚訝於，她的太多可念之人、可感之事、可憶之情，乃勸其重拾舊筆，為文學史再添斑斕的一章。

而在新作尚未寫就之前，整理舊作，就成為刻不容緩的事。同年三月間，在女兒的協助下，終於整理出《中國新詩史》及《徐芳詩文集》兩冊文稿。其中除少量的詩文，曾經發表過外，其餘均為未刊稿，當然包括《中國新詩史》。該論著為她在北大的畢業論文，是在胡適的指導下完成的，初稿目錄上還有胡適的朱筆批改。後來胡適曾將其交給趙景深，擬將出版。然因抗戰逃難，都唯恐不及，夫復何言付梓之事呢？於是，一本甚早完成的「新詩史」的著作，就此塵封了七十年！

在展讀她的詩文集時，我們看到她由初試啼聲的嫩筆，到風華正茂的健筆，再到國是蜩螗的另筆；我們看到她上承閨秀餘緒，繼染歌謠風韻，終至筆端時見憂患的風格與樣貌。而這些生命的陳跡，都化作文字的清婉與感喟。珠羅翠網，花雨繽紛。

在三〇年代，寥若晨星的女詩人之中；在林徽音、謝冰心以降，徐芳是顆被遺落的明珠。她的被遺落，在於世局的動盪和她「大隱於市」的個性。老人一生行事風格，追求安穩平淡，不喜張揚。在經多次的勸說，才願將其作品刊佈，但其本意也只想留作紀念，聊為備忘而已。

但做為新詩史料而言，這些或清麗婉約或暗含隱懷的珠璣之作，在三〇年代，是該佔有一席之地的。而以花樣年華的大四學生，膽敢月旦她的師輩詩人，並能洞若觀火、一語中的地，道出詩人們的不足之處，則若非她本身也是創作能手，是不能、也不易深入堂奧並探驪得珠的。

因此《中國新詩史》雖為其少作，但卻可見出她早慧的才華與高卓的悟力。在她通讀被評論者的詩作之後，她通過其詩境，返映到自己的詩心，再透過她如椽之筆，化為精闢的論述。她錦心繡口，假物喻象地寫下她的真知灼見，雖片羽吉光，卻饒富況味。七十年後的今天，我們讀之，還不能不佩服她的慧眼與膽識的。

一卷論文集，一卷詩文集外。還有兩個劇本，少量的詩作，尚未尋獲。部份的往來書信，尚未整理完成。那就有待來茲，再做補遺了。

「五四」的燈火雖已遠逝，但它造就了一批女作家、女詩人，她們以「才堪詠絮」的健筆，幻化出絢爛繽紛的虹彩。它成了愛好新文學，尤其是女性文學的讀者，所不能不看的一道絢麗的風景。而徐芳又宛如其中的一道光影，倏起倏消，如夢還真。

二、徐芳與胡適的一段情緣

一九三九年八月十四日江冬秀給遠在美國當駐美大使的胡適寫信，信中說：「我算算有一個半月沒有寫信給你了。我有一件很不高興的事。我這兩個月來，那〔拿〕不起筆來，不過你是知道我的皮〔脾〕氣，放不下話的。我這次里〔理〕信件，裡面有幾封信，上面寫的人名是美的先生，此人是哪位妖怪？」。胡適接信後在九月二十一日給在上海的江冬秀回了一封信，信中說：「昨天剛寄信給你，說你好久沒有信了。今天接到你的信了（八月十四的）。謝謝你勸我的話。我可以對你說，那位徐小姐，我兩年多來，只寫過一封規勸她的信。你可以放心，我自問不做十分對不住你的事。……」由此觀之，江冬秀對胡適與徐小姐的關係，雖事過境遷，但還是頗有餘慍的，這也難怪我們的胡大使要忙加解釋。但徐小姐究竟是什麼人？與胡適又有何種關係？歷年來的研究者似乎無人知曉，甚至將胡適在這段期間寫的情詩，因找不到人「對號入座」，而將它歸給曹珮聲，認為是胡適舊情難了。胡適是有「舊愛」，但不能不保證他沒有「新歡」，尤其是當對方較主動時，一向「理性」的胡博士，也不免「感性」起來了。我們應該實事求是，還原當年的歷史場景——

一九三六年五月間，胡適寫下一首題為〈扔了？〉的情詩，詩這麼寫著：

煩惱意難逃，——
還是愛他不愛？
兩鬢疏疏白髮，
担不了相思新債。
低聲下氣去求他，
求他扔了我。
他說，「我唱我的歌，
管你和也不和！」

四十七歲已名滿天下，又是北大文學院的院長，家有妻小的胡博士，似乎為情所困了。因為他收到一位筆名舟生的女學生五月十二日的來信，信中除了對老師的關懷外，還附上她寫於三月七日的一首名為〈無題〉的詩，詩云：

她要一首美麗的情歌，
那歌是

從他心裡寫出，
可以給他永久吟哦。
他不給
她感到無限寂寞。
她說，「明兒我唱一首給你，
你和也不和？」

面對一位才堪詠絮、秀外慧中的女弟子，胡適在愛才惜才下，又為背不起的「相思新債」而煩惱。胡適深感這戀情，來得熱烈而真切，雖然它的萌發可能已蠻久的一段時期，但從師生的感情，急轉直下，恐怕是在一九三六年的一月間。

一九三六年一月五日，好友丁文江在長沙病逝，胡適為處理後事，於一月十日離京南下，十一日到南京，停留數日後，即轉赴上海。而當時剛從北大畢業不久的徐芳，也正在上海，兩人見了面。這次的見面，除了談心外，談新詩是他們的主題，從徐芳所珍藏的文稿中，就有當時胡適寫在「胡適稿紙」留贈給她的詩，包括有《豆棚閒話》中的〈明末流寇中的革命歌〉（案：即趙元任譜曲的〈老天爺〉），及胡適自己的〈多謝〉、〈舊夢〉、〈小詩〉三首詩作。當然徐芳也給胡適看了的她的詩稿，胡適一月二十二日的日記就說：「徐芳女士來談，她寫了幾首新詩給我看，我最喜歡她的〈車中〉一首。」徐芳的〈車中〉是這麼寫著：

橘子皮，扔出去
殘了的玫瑰，扔出去
南行的火車在趕行程，
我閉眼坐在車裡
什麼都不看
什麼都不想
只想得一會兒安靜
但我惦著一個人
他使得我的心不定
青的山，綠的水
都被我丟盡。
我也想把他往外一扔
但我怎麼捨得扔！
但我怎麼捨得扔！

第二天，胡適寫了一首〈無題〉詩，作出回應，詩云：

尋遍了車中，
只不見他蹤跡。
盡日清談高會，
總空虛孤寂。
明知他是不曾來，——
不曾來最好。
我也清閑自在，
免得為他煩惱。

不久後，胡適和徐芳相繼回到了北京，二月十二日胡適日記中說：「舟生來，久不見他了，送他Poem，勸他選詩事。」而據現存在徐芳手中的文稿，她確實聽了老師的話，編選了厚厚的《中國新詩選》文稿。

徐芳，江蘇無錫人，系出名門。曾祖父徐壽（一八一八～一八八四）為晚清著名的科學家、造船工程師、西方科技書籍的翻譯家。祖父徐建寅（一八四五～一九〇一）製造火輪船，研發無煙火藥。父親徐尚武（一八七二～一九五八），仿黃色炸藥，研製成安全炸藥，著有《徐氏火藥學》二十二卷。徐芳還有一個姑丈名趙詒譸（頌南），曾任中國駐巴黎總領事。一九二六年七月，胡適因參加中英庚款訪問團而遠赴倫敦、巴黎。八月二十四日，他在巴黎見了趙頌南總領事。次日趙領事請胡適吃飯，並同遊Palais des Beanx Arts，胡適說，「館中展覽的美術作品皆是法國百年中的作家的作品」。

而八月三十一日，趙領事更邀胡適到他的鄉間避暑處遊玩，這次並見到了趙夫人，也就是徐壽的孫女，徐建寅的長女，徐芳的姑姑。

胡適的日記中說：「頌南為我說無錫徐家父子與中國新文化的關係。當時有兩個怪傑，一為金匱華蘅芳，一為徐壽。曾國藩與李鴻章創立製造局時，其計劃皆出於這兩個人；他們不願作官而願意在裡面譯書。徐是一個有機械天才的人，又喜研究化學，每日親作試驗，把紅頂子擱在衣袋裡，親自動手作工。華精於算學。後來把他的兄弟世芳帶出來，也成算學家。徐把他的兒建寅帶出來，有勞績便讓他去得保舉，故仲虎（建寅）先生做了官。……徐雪村（壽）曾造一個輪船，名為黃鵠，曾開到上海、南京。徐仲虎為德州兵工廠創辦者。他曾留學德國三年，精於工藝化學。康、梁保他與端方同辦農工商務局。戊戌變後，張之洞請他辦漢陽兵工廠，他辭去德國技師而自己管無煙火藥的製造。他自己試驗無煙火藥，有成效；後來做大份量的試驗，火藥炸發，肢體炸裂而死，肚腸皆炸出了。他是第一個為科學的犧牲者。（頌南親見此事。）……頌南為張經甫先生的最得意的學生。他在梅溪書院很久，最受經甫先生的感化。……經甫先生最佩服先父鐵花先生（案：經甫，即張煥綸，是胡傳在上海龍門書院的同學和朋友，後來創辦梅溪書院。），有一天帶了頌南去見先父。他還記得先父的黑面與威稜的目光。二哥、三哥在梅溪時，他還見著他們。」這是胡適對徐氏家族的初步認識，但他卻萬萬沒有想到五年之後，徐壽的曾孫女，趙頌南的姪女，會進入他的視野裡，並且成為他的學生。

徐芳一九一二年十月五日生，一九二〇年進入北平第三十六小學，後又轉至第十八小學。一九二五年進入北平私立適存中學，只唸了一年，學校關閉了，她轉到北平市立第一女子中學唸到高一，又考入北京女子師範大學預科直至高中畢業。一九三一年她以優異成績考入國立北京大學中國文學系，當時的同班同學還有晚年贏得盛名的張中行，只是當時不叫張中行而叫張璿。張中行在他的回憶錄《流年碎影》中，亦有提及徐芳，只是四年下來，大家還是彼此不熟。

徐芳入中文系時，胡適是文學院院長，系主任是馬裕藻。一般記載都說胡適一開始就是文學院院長兼中文系系主任是不確的，胡適的兼系主任是要到一九三四年的五月間。胡適在五月二日的日記中說：「第一天到北大文學院復任院長。國文系的學生代表四人來看我，我告訴他們：（一）、如果我認為必要，我願意兼做國文系主任。（二）、我改革國文系的原則是：『降低課程，提高訓練。』，方法有三：一、加重『技術』的訓練。二、整理『歷史』的功課。三、加添『比較』的功課。」據隔天《北平晨報》的報導得知，這四位代表是徐芳、孫震奇、石蘊華、李樹宗，他們在當天下午四時半，到文學院辦公室進謁胡適院長，就馬裕藻辭系主任後，胡適接任將如何改革，胡適提出他作法，四位代表與胡適談話近兩個小時，於六時始離去。這時徐芳是中文系三年級的學生，想必在胡適的腦海中留下較為深刻的印象。雖然在這之前的一月二十九日的胡適日記中，也曾記載徐芳的哲學史分數為七十分以上，但較之後來成為史學家的何茲全等七人的八十分以上，徐芳的成績還不是最高的。因為哲學史並非徐芳之所長，徐芳之所長在於新詩。

我們就她七十年後才出版的《徐芳詩文集》觀之，她在北京女子師範大學預科，也就是高中時期，新詩及散文就已經寫得相當不錯了，可說是一位早慧的才女。在一九三〇年秋至一九三二年三月間，她寫下了《隨感錄》這個集子，新詩就有十八首之多。緊接著從一九三二年三月至同年秋天，她寫了四十首新詩（案：在《徐芳詩文集》中已將六首已發表的詩作，移至「已刊詩作」欄位）。她說：「記得我開始練習著寫詩，是在一九三〇年的秋天。那時我還在女師大讀書，那時便不注意去看詩，或寫詩；不過偶然寫幾行而已。前面的十多首便是那時寫的。說來自己一心想考北大，便也沒有寫什麼詩句。直到近年來，尤其是最近，我忽然感到寫詩的興趣，便把這本詩集給寫滿了。」（見《我的詩》的〈後記〉）。一九三四年至至一九三五年冬她又完成三十餘首（案：部份移至「已刊詩作」的欄位）的《茉莉集》。除了這三個集子外，還有四十七首的未刊詩稿。在總數一百六十二首的創作詩集中，已發表的只二十七首（案：恐尚有未蒐集到的），但僅這二十餘首詩，她在當時的文壇上已被冠上「女詩人」的名號了，可見她的才華洋溢、錦心繡口見溫婉。筆者在編輯她的《詩文集》後，寫下了一段簡短的感言，或可形容一二：「從二八年華的初試啼聲，到風華正茂的健筆飛揚，再到筆端時見憂患的抗戰之作。作者寫出閨秀餘緒，也寫出歌謠風韻，更寫出大時代的風雲。她是寥若晨星的女詩人中的一員，也是繼林徽音，冰心以降，一顆被遺落的明珠。她生命的陳跡，都化作文字的清婉與感喟。珠羅翠網，花雨繽紛。她是絢麗風景中的一道光影，倏起又倏消，如夢又還真。」

除了本身是女詩人之外，她亦研讀大量師友及同輩新詩人的作品。她在老師胡適的指導下，撰寫《中國新詩史》的畢業論文。她以花樣年華的大四學生，膽敢月旦她的師輩詩人，並能洞若觀火、一語中的地道出詩人們的不足之處，則若非她本身也是創作能手，是不能、也不易深入堂奧，並探驪得珠的。因此《中國新詩史》雖為其少作，卻可見出她早慧的才華與高卓的悟力。在通讀被評論者的詩作之後，她通過其詩境，反映到自己的詩心，再透過她如椽之筆，化為精闢的論述。她假物喻象、字字珠璣地寫下她的真知灼見，雖片羽吉光，但卻饒富況味。七十年後的今天，我們讀之，還不能不佩服她的慧眼與膽識。而從她所保存的手稿上，我們看到指導老師胡適的朱筆批改，雖然改的不多，對於「但開風氣」之先，而本身也寫新詩，提倡新詩的胡適而言，相信他是仔仔細細地閱讀過這本論文的，而且是驕傲地發出會心的微笑的。

因此當徐芳畢業時，她原本到了天津南開中學要去擔任教員了，但卻被胡適緊急召回，擔任北大文科研究所的助理員。而不久，一九三六年春，北大《歌謠周刊》要復刊，徐芳更銜胡適之命，接下該刊長達一年有餘的主編工作。他們的感情也在這段日子裡，急驟升溫。面對與胡適戀情，我曾幾次的探詢，老人始終堅持只是「師生之情」，至於「情書」的部份那就更是否認了。因此以下的推論是根據學者耿雲志所見的信函（案：藏於中國社科院近代史研究所），再參酌史料加以推斷的。

據一九三六年四月二十五日顧頡剛日記說：「到朱光潛家，為『誦詩會』講吳歌。與會者有朱光潛、周作人、朱自清、沈從文、林徽音、李素英、徐芳、卞之琳等。」而徐芳在參加完文藝聚會後的次日（二十六日）就到天津去探望兄妹，直到二十八日才回北京。回京後，她就收到胡適四月二十八日的來信，徐芳在次日回信中說：「您的信跟您本人一樣親切，給了我很大的快樂。」這是目前所見他們兩人最早的通信。五月八日，徐芳寄給胡適一信，信中還附了她兩天前寫的一首題為〈明月〉的詩，詩云：

脈脈的銀輝，
送來無限溫慰，
我想到他的笑臉，
和月色一樣嫵媚。

他是一輪明月，
遙遠的送來一點歡悅。
我要他走下人寰，
他卻說人間太煩。

五月十九日，胡適在北京西山寫下了一首〈無心肝的月亮〉，詩這麼寫著：

我本將心托明月，誰知明月照溝渠！
——明人小說中有此兩句無名的詩

無心肝的月亮照著溝渠，
也照著西山山頂。
他照著飄搖的楊柳條，
也照著瞌睡的「鋪地錦」（案：Portulaca，小花名）。

他不懂得你的喜歡，
他也聽不見你的長嘆，
孩子，他不能為你勾留，
雖然有時候他也吻著你的媚眼。

孩子，你要可憐他，——
可憐他跳不出他的軌道。
你也應該學學他，
看他無牽無掛的多麼好。

該詩以前人詩句引題，再映襯自己的心懷，無疑的是對徐芳不斷的攻勢的回應。因為在這之前的五月十五夜，徐芳又給了他一封信，並附上了一首〈無題詩〉，詩云：

和你一塊聽的音樂特別美，
和你一塊喝的酒也容易醉。
你也許忘了那些歌舞，那一杯酒，

但我至今還記得那晚夜色的嫵媚！
今夜我獨自來領略這琴調的悠揚，
每一個音符都惹得我去回想。
對著人們的酡顏，我也作了微笑，
誰又理會得我心頭是縈滿了悵惘！

五月二十一日，徐芳給胡適的信中說：「我從來沒有對人用過情。我真珍惜我的情（為了這個，我也不知招了多少人的怨恨）。如今我對一個我最崇拜的人動了情，我把所有的愛都給他。即使他不理會，我也不信那是枉用了情。」隨信她還附上〈相思豆〉一詩，詩這麼寫著：

他送我一顆相思子，
我把它放在案頭。
娘問：
「是誰給你的相思豆？」
我答是：

「枝上採下的櫻桃紅得真透。」

六月十日，徐芳隨信又寄上另一首〈相思豆〉，那是寫於五月二十六日的詩：

相思紅豆他送來，
相思樹兒心裡栽；
三年相思不嫌苦，
一心要看好花開。

一九三六年七月十四日，胡適由上海赴美國參加太平洋國際學會第六屆常會，至同年十二月一日方返抵上海，十二月十日回到北平。赴美的送行人群中也有徐芳和她妹妹及竹哥夫婦的身影，但他們到得早，沒見著胡適。徐芳在七月十六日給胡適的信中說：「我本想等見著了你再走，但是在船上待得愈久愈傷心，見了你的面，一定要大哭。那時候招得親友笑我，還要害你也難過。」七月二十日，徐芳回到故鄉江蘇無錫，兩天後，她給胡適的信中說：「到了這裡，我頭一封信就是寫給你的。我要這封信寫好，才給雙親寫信。要是媽媽知道了，一定要說這個女兒要不得。但是，現在我是愛你，甚於愛我的爸爸和媽媽呢？」八月二十一日，徐芳校對《青溪文集》和胡適為此所寫的序文，她說：「我記得我小時候，常背你的論文。那時我對你的敬仰就別提了。現在我來校對你的文章，真可說是我天大的幸福呢！」。在這封信件裡，徐芳同時寄上了一張照片給胡適，七十年後，這張照片還存放在北京近史所「胡適的檔案」中，照片背後寫著「你看，她很遠很遠地跑來陪你，你喜歡她嗎？一九三六，八，二十一」。的確，從上海到美國，鴻飛萬里，是有夠遠的了，但難得的是，胡適又千里迢迢地從美國再把照片帶回北平，至今仍完好無缺地保存著。

自七月中胡適出國，至八月底，不到兩個月的時光裡，徐芳連寫了十幾封信給胡適，而直到八月二十七日她才收到胡適自California的回信。徐芳當天寫了回信，她說「你在百忙之中，還沒有忘了寫信給我，我快活極了。前些日子，我沒有得到你的信兒，我真有點怪你了（我真捨不得怪你！）現在我得謝你！你是那麼仁慈，你的句子真甜！我看了許多遍，都看迷了。」

幾個月後，胡適從海外回到北平，但他面臨的是《獨立評論》被停刊的問題，千頭萬緒，好多事有待解決，恐也無心「誰會憑欄意」？或許是胡適的理性戰勝了感性，而讓這「戀曲．一九三六」，戛然劃下了休止符。

「七．七」事變後，胡適於七月十一日應邀到廬山參加「談話會」。七月廿七日，他給徐芳一封信，信中說：「我不曾寫信給你，實在是因為在這種惡劣的消息裏，我們在山的人都沒有心緒想到私人的事。我在山十五、六天，至今沒有出去遊過一次山！每天只是見客，談天，談天，……。只有一次我寫了一首小詩。其中第五、六行，似尚有點新鮮，所以我寄給你看看，請你這位詩人指教。我明日飛京，小住即北歸。」。

但胡適並沒有北歸，而是西行，不久後他到美國去拓展民間外交了，又過一年，則接任駐美大使了。一九三八年一月三十日，徐芳給胡適一封信，信中說：「記得前年此時，我們同在上海找到了快樂。去年此時，你在醫院裡生病，我也常跑去看你。今年卻兩地相隔，倍覺淒涼。誰敢說明年又是什麼樣子？……不過，無論如何，我是愛你的。什麼都可以變，只有我愛你的心是不變的。」

這期間徐芳寄給胡適的信有七封之多，胡適則連一封也沒有回，因此徐芳在信中（一九三八年五月六日的信），不免抱怨地說：「你這人待我是太冷淡，冷得我不能忍受。我有時恨你，怨你；但到末了還是愛你。」而此信寄出之後，足足有三年，徐芳沒有再給胡適寫信。一直到了一九四一年四月二十四日，徐芳才又給胡適寫信，可是這信開頭已改成「適之吾師賜鑒」，而落款則是「生徐芳」，物換星移，此情不再。信中所談的是她想到美國去留學，希望胡適給予幫助，但胡適依舊沒有回音。她只得在中國農民銀行任文書工作。

一九四三年徐芳和徐培根將軍在重慶結婚了。抗戰勝利後，因工作單位的搬遷，他們從重慶移居南京。而胡適任北大校長之後，到南京中央研究院開會時，也曾去看過他們夫婦，師生之間極為歡暢。一九四九年她隨夫播遷來台。一九五八年胡適自美返台，担任中研院院長後，他們曾在南港見面。一九六一年一月十七日的胡適日記還有與徐培根夫婦共同聚餐的記載。但此時的胡適只是她「永遠崇敬」的老師了。

胡適的喪禮中有著徐芳的身影，胡適的紀念活動中，徐芳多所參加。據筆者多次的訪談中，她對老師的敬仰，從沒有因時間的久遠，而有褪減。「胡先生」不僅是她經常掛在嘴邊的字眼，「胡先生」的生日，她歷經七十多年依舊沒有忘記！一段偶發的戀情，或許是易逝的，但師恩總是難忘的！

二〇〇八年四月二十八日，徐芳病逝臺北，享年九十七歲。

胡適日記中的鄭毓秀

在民國以來眾多的傑出女性之中，有一個集諸多「第一」於一身的女性，特別引人注目。她曾經是民國政府時期第一位省級女性政務官；第一位地方法院女性院長與審檢兩廳廳長；第一位非官方女性外交特使；第一位參與起草《中華民國民法典草案》的女性；中國第一位獲得博士學位的女性律師——這位擁有眾多「第一」、可謂開風氣之先的女中翹楚，就是民國時期著名的社會活動家、出色的革命家和女權運動的鼓吹者——鄭毓秀。

儘管是如此「傑出」的女性，胡適生前對鄭毓秀似乎印象極為不佳，他在一九三〇年七月十六日的日記中說：「見法國人Chadowrne與Fonterioy，他們為李石曾、鄭毓秀辦一個La China Novelle月刊，想要我參加，我婉辭了。」而到了同年九月三日的日記又說：「晚上聽人說，法國人Chadowrne受李石曾、鄭毓秀的委託，辦一種法文月刊，名「La China Novelle」。此君對人說，應請胡適加入撰述。此話被他的老闆們知道了，這刊物就停辦了。（此月刊的第一期文字已排成大半，我曾看見校樣。）這又是『我雖不殺伯仁，伯仁由我而死』了。」在一九三一年一月二日的日記又說：「到Hussy家訪顧少川夫人（案：顧維鈞夫人黃蕙蘭女士），即在那裡打撲克牌。晚飯席上Mrs.Hussy提議發電報給鄭毓秀賀年，我不開口。後來她真用鉛筆寫電稿了，我才說：『請不要放我的名字。』這班女人太不愛惜臉面！」。甚至在同年的一月十七日的日記，胡適寫道：「（楊）仲瑚做了鄭毓秀的姐夫，遂得特區（公共租界）法院院長。我因此不與他往來。近日孟麟、昌之為同鄉程庸熙醫生被捕事，天天來求我去看楊君，不得已去訪他，不遇，投一片而行。」先是拒絕在其相關的刊物寫稿，再則不在眾人聯名的賀年電報上簽名，到後來甚至因是其姐夫之關係，而不與之往來，對素來「理性」、政通人和的胡適而言，頗為不尋常。

但尤有甚者，胡適在一九三〇年十月十一日的日記上說：「後來夏奇峰也來了，他最知道鄭毓秀和王寵惠、魏道明等人的故事，談的甚有趣味。鄭毓秀考博士，亮疇（案：王寵惠）與陳籙、趙頌南、夏奇峰諸人皆在捧場。她全不能答，每被問，但能說：『從中國觀點上看，可不是嗎？』（An point de vue Chinoise,nest ce pas?）後來在場的法國人皆匿笑逃出，中國人皆慚愧汗下。論文是亮疇做的，謝東發譯成法文的。」日記接著還有一段更勁爆的：「她的侄兒小名阿牛，有一天撞見她與魏道明裸體相抱，她惱怒了，把他逐出。此人即前月與電影明星李旦旦結婚同赴歐洲度蜜月的。魏道明之母常逼他結婚，他無法，乃令人從孤兒院中抱一小兒來家，說是鄭博士所生。」

胡適提到小名「阿牛」的鄭毓秀侄兒叫鄭白峰，當時是日內瓦國際聯盟的秘書。而李旦旦原名李霞卿，生於一九一二年，廣東番禺人，父親李應生是位愛國志士。李霞卿幼年隨父留學歐洲，後定居上海。由於受到中西文化的薰陶，李霞卿個性活潑，思想開放，多才多藝，更具一項重要素質——膽識過人。一九二五年底，李應生與黎民偉在上海創立民新影片公司——李應生是黎民偉的親戚，公司由李應生任經理，主管經濟和營業，黎民偉任協理兼製造部長，主管製作和技術。李應生並任影片《和平之神》的製片以及影片《三年以後》的監製，一九二七年任《復活的玫瑰》、《海角詩人》、《天涯歌女》等片的製片人。他還引導女兒李霞卿進入電影界，並為其取藝名「李旦旦」。李霞卿首先參加了電影《玉潔冰清》的拍攝，充當一個配角。從沒拍過電影的李霞卿，一點也不怕鏡頭，表演十分成功，導演卜萬蒼、編劇歐陽予倩對她特別滿意。此後，李霞卿連續主演了《和平之神》、《海角詩人》、《天涯歌女》、《五女復仇》、《西廂記》、《木蘭從軍》等影片，被譽為「天天向上的李旦旦」。她的劇照及生活照充斥於報紙雜志。李霞卿外形漂亮，有著圓圓的臉龐、適度的身材、動人的體態，還會騎馬、游泳、開汽車，是一位新型女性的典型。而正當人們以為李霞卿將沿著電影明星的路子一直走下去之時，她卻離開影壇，嫁給了鄭白峰——據說這是鄭毓秀一手安排的。李霞卿隨丈夫到日內瓦居住期間，在那裡加入航空學校，學習飛行。幾年之後，她又轉到美國奧克蘭波音航空學校深造，掌握了各種復雜的飛行技術，並成為美國婦女航空協會會員，加入了卡特皮勒飛行俱樂部。一九三六年，李霞卿乘美國柯立芝總統號油輪回到上海，頓時又成為新聞人物。同年，「上海市民獻機命名典禮」在龍華機場舉行，觀者如潮，達十五萬人。李霞卿當場與另一駕駛員登機凌空表演，轟動效應可想而知。要知道，在那個年月，女子會開汽車能有幾人？更沒聽說過女子開飛機了！更何況這位女子還是電影明星呢！以後，李霞卿駕機飛南京、洛陽、成都、西安、昆明、貴陽、太原、北平等城市，還撰寫了一部二十萬字的《改革中國航空的建議》。「八・一三事變」後李霞卿遷居香港，後又赴美國芝加哥。在美國，她駕駛一架名為「新中國精神號」的單翼型飛機，做了一次極為轟動的環美飛行。在美國，李霞卿又接受派拉蒙影業公司邀請，參加了以中國抗日戰爭為背景的影片《歧路》的演出。長期以來，一些書刊錯誤傳抄李霞卿於一九四〇年（或一九四四年）在一次飛行事故中「結束了年輕的生命」，而實際上她一直到一九九八年才在美國逝世。

關於胡適說到的一九二四年鄭毓秀在法國巴黎索邦（Sorbonne）大學（巴黎大學的前身）考博士的情形，雖然傳記作者唐冬眉在《穿越世紀蒼茫：鄭毓秀傳》一書中說：「若干年之後，鄭毓秀都還記得博士論文答辯時的情景：「在巴黎大學一座哥特式建築風格的教室裡，主考官穿著紅色長袍，坐在巨大的桌子前，鄭毓秀手拿著論文，用地道的法語宣讀著她的論文概要，她微微有些顫抖的聲音，在高聳的圓拱形天花板下空洞地發出回聲。那一刻是緊張而激動的，當主考官全票通過鄭毓秀的博士論文之後，她向老教授們深深地彎下腰，表示她的真誠謝意。然後，她衝出教室，撲向早已在外等待消息的魏道明，高興地喊道『通過了，通過了！』」。但較之胡適日記所載，似乎後者更為真實些。筆者不知傳記作者的這些場景的描寫是根據鄭女士的回憶錄，或傳記作者自己的想像，但較之夏奇峰的描述，是有些避重就輕而少了臨場感。夏奇峰說：「她全不能答，每被問，但能說：『從中國觀點上看，可不是嗎？』（An point de vue Chinoise,nest ce pas?）後來在場的法國人皆匿笑逃出，中國人皆慚愧汗下。」雖只有短短幾句，但若非在現場的人，是無法說出那種場景的。因此這件事該是信而有徵的，何況胡適素來講究「有幾分證據說幾分話」，對於無稽之談，他大概會一笑置之，而不會鄭重其事地把它寫下來。

至於夏奇峰為何人？許多人都所有不知。夏奇峰（一八八七～一九六一）原名雲，江蘇泰州人，一八八七年生。一九一一年入蘇州江蘇高等學堂，一九一四年畢業。當時適歐洲在中國招募華工，他應招去法國。夏奇峰一九一四年以後在法國工作期間，鄭毓秀也在法國求學。以鄭毓秀當時在法國留學生中鋒頭之健，她的事蹟當為夏奇峰所熟稔。而一九二四年鄭毓秀考博士，夏奇峰當時是在法國沒錯，他不僅參與盛會，況且他還舉出陳籙、趙頌南、王寵惠等人也在現場的人證。其中陳籙（一八七七～一九三九）是近代外交家。字任先，號止室。福建閩侯人。光緒末年法科進士。一八九一年進福州船政學堂學習，後被開除學籍。一八九四年入鐵路總局附設礦化學堂，越三年，學堂裁撤。一八九八年入武昌自強學堂，一九〇一年畢業後留校任法文教師。一九〇三年四月，護送留學生赴德國，事畢赴法國。翌年入巴黎法律大學。一九〇七年獲法學士學位。一九〇八年回國；歷任法部制勘司主事，翰林院編修、外務部考工司郎等。一九一二年任外交部政務司長，後任駐墨西哥公使、都護使駐庫倫辦事大員，外交次長等。在外交總長出席巴黎和會期間，代理外長一年。一九二〇年九月，北京政府任命他為駐法國全權公使。他在這個位置上做了近八年，是晚清和民國期間任職時間最長、並享有「法國通」美譽的駐法使節。一九三八年三月，出任偽維新政府外交部長，投靠日本。一九三九年二月十九日在上海寓所被國民黨軍統特工人員刺殺身亡。著有《止室筆記》、《法文文牘程式》，譯有《蒙古逸史》等。而趙頌南，原名詒璹，江蘇昆山（今屬上海）人。一八六九年生。法國留學生。歷任湖北農業學堂監督，駐比利時、義大利及荷蘭等國使館二等秘書，巴黎和會中國代表團隨員。一九一九年一月，暫署駐巴東領事，未就。一九二一年三月，調署駐比利時昂維斯領事。一九二二年十二月，任駐巴黎總領事。他後來跟胡適極為友好，一九二六年七月，胡適因參加中英庚款訪問團而遠赴倫敦、巴黎。八月二十四日，他在巴黎見了趙頌南總領事。次日趙領事請胡適吃飯，並同遊Palais des Beanx Arts，胡適說，「館中展覽的美術作品皆是法國百年中的作家的作品」。而八月三十一日，趙領事更邀胡適到他的鄉間避暑處遊玩，這次並見到了趙夫人——也就是徐壽的孫女，徐建寅的長女，後來和胡適有過一段情的北大女學生徐芳的姑姑。

至於王寵惠（一八八一～一九五八）字亮疇。廣東東莞人。一八八一年生於香港。一八九五年考取天津北洋西學學堂（北洋大學前身），攻讀法科法律學門，一八九九年以最優成績畢業，獲得中國近代第一張畢業文憑。一九〇一年赴日留學，致力於法律問題的研究。一九〇二年赴美留學，先入加州大學，後入耶魯大學，獲法學博士，旋即赴英國繼續研究國際公法，並獲得英國律師資格。一九〇七年，他將德文版《德國民法典》譯為英文，此譯本一出版即博得世界法學界的廣泛讚譽，成為英美各大學法律學院指定的必讀課本。辛亥革命成功後先是被推為副議長，後於一九一二年一月三日經孫中山提名，被任命為南京臨時政府外交總長。袁世凱竊國後，曾在唐紹儀內閣任數月的司法部總長，當年才三十二歲。五四運動前後是北京大學教授，和胡適一起鼓吹好人政府主張。一九二二年九月任北京內閣總理；一九二三年被國際聯盟選為海牙國際常設法庭候補法官。一九二五年八月，北京政府任命他為修訂法律館總裁。一九二七年六月出任南京國民政府司法部長。次年八月任國民政府委員、第一任司法院院長。一九三一年五月，再次出任海牙常設國際法庭正法官。一九三六年底回國，贊成西安事變和平解決。一九三七年三月起任國民政府外交部長，並一度兼代主持行政院。抗日戰爭爆發後，以外交部長名義發表抗日聲明。一九四一年四月轉任國防最高委員會秘書長。一九四三年十一月隨蔣介石訪問印度，出席開羅會議。一九四五年四月代表中國出席在美召開的聯合國憲章制憲會議。一九四六年十一月出席國民大會，參與《中華民國憲法》的制訂工作。一九四八年再任司法院院長。一九四九年赴香港，後轉臺灣。一九五八年三月十五日病逝台北。

至於夏奇峰說鄭毓秀的博士論文《中國比較憲法論》是王寵惠代做的，以王寵惠是法學專家，而且是專研憲法的；加以和鄭毓秀交情匪淺，這是大有可能的。就是由於別人捉刀，也才導致她在口試時，被問得招架不住的窘境。據傳記作者唐冬眉的敘述，一九一四年四月，鄭毓秀入住巴黎市區的克瑞桑街六號。房屋寬敞，幾乎等於一大雜院，同住的除了從中國帶來的管家董五與廚子韓、李兩女傭，還有親朋好友數名，鄭毓秀有家庭的資助，還有廣東政府的公費助學金，因此她不同於一般來法國的「勤工儉學」之學生。因此，「鄭公館」的客廳是座上客常滿的，再加上她個性豪爽且慷慨熱心，「鄭公館」不僅是留學生愛去的地方，也是王寵惠、張靜江、李石曾、胡漢民等昔日革命同志今日的政府要人到巴黎時聚會所在。鄭毓秀視王寵惠為法學師長，再加上同鄉這層關係，兩人自然都感到親切。王寵惠每次到巴黎來是一定要去鄭毓秀那裡，一行數人常常逛公園，遊名勝以及購買新奇物品，都是由鄭毓秀引導指點。鄭毓秀豪爽之外並不缺少女性的細緻溫柔，她知道王寵惠一生最感興趣者莫過於書籍，因此，她經常與王寵惠出入的地方當然就是書店了。而且，每當王寵惠到「鄭公館」時，一盒上等的老牌雪茄和一壺清香四溢的紅茶早已在客廳的茶几上等候王寵惠了。因為鄭毓秀知道王寵惠雖多數時間在歐美度過，仍未養成喝白開水的習慣，他愛的是紅茶。兩人在客廳落座，旁人往往就插不上話了，王寵惠一口廣東官話，中間夾幾句英文，也只有鄭毓秀能對上他的家鄉官話。兩人談笑風生，而旁人卻不知所云。

報人金雄白說：「民國初年，有兩本專門描寫海外留學生趣聞艷事的小說，曾經萬人爭誦：一本是有關日本留學生的《留東外史》，另一本是寫法國留學生的《海外繽紛錄》。」《海外繽紛錄》屬於鴛鴦蝴蝶派的章回小說，共四十回。浙江慈溪人陳辟邪著，二〇年代末在上海《商報》連載，後由卿雲書局出版，暢銷一時。作者寫第一次世界大戰後留學法、德兩國的留學生生活。鄭毓秀、王寵惠等事蹟，無可避免地也被寫入，只是作者姑隱其名而以「陸秀女士」、「黃老博士」代之，雖然小說家之筆，不能盡信，但當時的傳聞應該是滿天飛的。

《穿越世紀蒼茫：鄭毓秀傳》一書的作者又提到：「但是，王寵惠因在國內早有婚約，對鄭毓秀也只有『發乎情止乎禮』，未有最後決斷。」其實王寵惠的元配是楊兆良，於一九一八年生下長子大閎後，次年再度懷有一女嬰但因難產去世。一九二〇年冬，經朋友劉景山介紹，王寵惠認識天津籍的朱學勤小姐。一九二二年十一月二十六日，他和朱學勤小姐訂婚了。緊接著到歐洲任職，返國後又忙於新的職務，直到一九二七年九月間他出任司法部長，十一月十七日，才在上海聖約翰大學的教堂內，和朱學勤小姐結婚。當時王寵惠年四十七歲，朱學勤年二十六歲，兩人籍貫分屬南北，然情感無間，室家之樂生趣盎然。筆者找到收在《王寵惠先生文集》的四封以毛筆寫的書信，極為難得，特抄錄如下：

一、學勤妹愛鑒：

九號及十號函，均已收到。吾妹抵下關時，兄適往上海，雖事前相約，恐亦無從晤談也。昨日外交委員會各委員對於兄之赴歐，已表示贊同，想不日當可脫離此間。兄現在因結束各事，異常忙碌，但每有暇時，未嘗不神馳左右。此中依依不捨之狀況，有不能形諸筆墨者。吾妹聞之，得毋以其為迂乎？接讀來書，知吾妹有微恙，未審已痊癒否？念之。兄數年來對於妹之態度，殊不合情理，及今思之，猶有餘痛，雖然往事已矣，來者可追，惟望此後或有贖前愆之機會也。匆匆草此，尚祈珍重。是所至禱。即問近佳。

兄C.H.W　十二月十四日燈下

二、學勤女士如晤：

別後時局丕變，真有出吾人意料之外者，吾國兵連禍結，無有已時，可為浩歎。愚數日來患咳甚劇，抱病之軀，益以冗俗碌碌，此中苦況，難與人言。匆覆。此頌日祉。闔府均叩安問候。

知名　十二月十二日

三、學勤妹如晤：

迭接手書，備悉一切，闕然久未報，幸勿為怪。兄本擬今夏歸國，只因重要問題莫克如願，此中苦況可為智者道，難與俗人言。吾妹聞之，得毋以其為迂乎？兄現暫居鄉間，距法京約半鐘火車，每日專攻法文數小時，暇則往藏書樓研究比較法學，以此度日，亦云苦矣。近閱西報，知遠東大局將有丕變，東望故國，不禁有無窮之感慨。書不盡言，言不盡意，草此即問起居，闔府統此請安，恕不另。惠書仍請寄使館轉交。

兄惠　九月十六日

四、學勤妹如晤：

一別多時，甚念。兄前月來滬，過津時行色匆匆，未克趨府暢談，兼訴離衷，至為抱歉。日來公私栗六，殊鮮暇晷，一時尚難返北。吾妹近日做何消遣？此間甚暖，想津沽當亦相同，諸希珍攝為荷。專此祗頌夏祉。

兄C.H.W　六月六日。闔府統此，恕不另。惠函請寄Mr. C.H.Wong To Mr.H.C.Tom, Jessfield Road Shanghai.

鄭毓秀當時雖然愛上了王寵惠，無奈最終落花有意，流水無情，終未成姻緣。一九二六年，鄭毓秀與同學魏道明博士在上海法租界開設了「魏鄭聯合律師事務所」，執行律師業務，並成為中國第一個女律師。魏道明（一九〇一～一九七八），字伯聰，江西德化（今九江縣）人。一九〇一年九月十七日生，小鄭毓秀近十歲。他在江西省立第一中學畢業後，隨父親到北京，就讀於法文學堂。一九一九年赴法國留學，經同鄉介紹認識鄭毓秀，起初鄭毓秀並未對他多加留意，只將他視為小字輩，後來魏道明也進入巴黎大學法科，成為鄭毓秀的學弟，兩人經常一起討論功課，魏道明言談中肯，有獨到之處，得以折服自視甚高的鄭毓秀，使她一改原先對他的態度，視魏道明為知己。一九二六年魏道明獲巴黎大學法學博士學位，同年秋回國，不久鄭毓秀也返國，年底他們的聯合律師事務所就開業了。時上海租界猶存，於領事裁判權保障洋人權益，華人訟案不易得直，魏鄭兩人每挺身而出，不惜與英法等國領事力爭，於是魏鄭律師事務所名乃大噪。一九二七年，鄭毓秀與魏道明在杭州結婚。

鄭毓秀先後出任過上海地方審判廳廳長、檢察廳廳長、上海地方法院院長等職，後任上海法政學院院長，教育部副部長等職。而魏道明後來任司法部部長、南京特別市市長，時年不過三十歲左右。一九四二年，魏道明接替胡適任駐美大使，鄭毓秀成了大使夫人，協助魏道明開展外交工作。一九四三年，鄭毓秀陪同宋美齡訪美，深諳政治的羅斯福總統夫人稱讚鄭毓秀「具有政治頭腦，不同於歷任中國大使夫人」。美國總統杜魯門的夫人雖不過問政治，但仍和鄭毓秀結為知己。一九四七年魏道明改任臺灣省主席，鄭毓秀隨夫赴臺北。由於魏道明非蔣介石嫡系，一九四八年陳誠取代魏道明任臺灣省主席，從此，鄭毓秀夫婦淡出政治舞臺。脫離了詭譎多變的政治中心，鄭毓秀夫婦一度迷茫。為求安身立命，她們前往巴西。由於不善經營，外加人脈陌生，在巴西「世外桃源」居住幾年之後，轉赴美國。此時，她們想回臺灣的機會都十分渺茫，蔣介石甚至「緩發」她們的通行證。在美國居住期間，鄭毓秀夫婦痛感「英雄無用武之地」，每天聚集朋友搓麻將，消磨時日。一九五四年，鄭毓秀左臂發現癌症症狀，被迫切除左臂，這對一世英名的鄭毓秀來說，是個沉重的打擊。由於身體受傷，鄭毓秀對金錢越來越看重，據說晚年的時候，鄭毓秀無論走到哪裡，都隨身攜帶一個大手提包，那裏面裝著她的財富。客居異鄉，被冷落的魏道明、鄭毓秀夫婦度日如年。一九五九年十二月十六日鄭毓秀病逝於美國洛杉磯，終年六十八歲。

一九六二年，魏道明續娶無錫榮毅仁的妹妹榮輯芙女士為繼室。據蔡孟堅先生言，鄭毓秀晚年曾和他說及與榮女士如何認識及其來歷種種，「我因知她系出自無錫榮家名門閨秀，自泰國與一位華先生離婚，到美國後再與一位華裔美籍商人李先生結婚，所以我一見到這位風度優雅、禮貌周到的榮女士，即稱呼她為李夫人，事後鄭博士要我改正，叫她英文名字'Virginia'」。後來在鄭毓秀病逝前後，榮女士即與Bong Lee離婚。一九六四年，魏道明東山再起，出任「駐日大使」。一九六六年，調任「外交部長」。五年任期中，每年均親自前往紐約聯合國總部督戰，維繫「代表權」於不墜。一九七一年春，以胃出血甚劇，辭「外交部長」，受聘為「總統府資政」。蔡孟堅說魏道明在他退休歲月及患病期間，「其夫人榮女士全心照顧，不僅覓醫尋藥，而且常約友人去看他，雖不多談，只求他內心快慰，對這一位沒有兒女的老政要來說，是最大的慰藉與幸福」。一九七八年五月十八日，魏道明在臺北病逝，享年七十八歲。

以上是由讀《胡適日記》而引發的一些追索與探源，其用意在試圖找出更接近事實的「真相」。因為後人為名人寫傳，或基於崇拜心理，或為賢者諱，常常歌功頌德，踵事增華，那就離事實越來越遠了，甚至變成英雄「傳奇」了。偶閱金雄白所著《江山人物》一書，提及鄭毓秀任上海地方法院院長時他對她的印象說：「作為一個職業報人的我，在小說上留給我的印象，以為鄭毓秀在法國時期能如此的活躍，能如此的受到人們的樂與交接，無疑定是辯才無礙，風韻不凡的絕世佳人。當她任職之初，我就立即專程去訪問了她。她那時住在法租界馬斯南路一所舊式洋房中，與梅蘭芳的居處為近鄰。一見面，就使我感到了意外，出現在我面前的，形態上已是一個中年婦人，身材既不窈窕，姿容了無美感，肌理又粗黑而多痣，以這兩位近鄰而論，梅蘭芳無愧於稱為男性中的美男子，而鄭毓秀則是十分平庸的一位貴婦人。」有時真是「百聞不如一見」，雖然「真實」有時是難以被接受的，但那畢竟是「真實」。「英雄」、「偉人」有時只不過是夤緣時會，所謂「時勢造英雄」罷了，並不代表他們有何「經天緯地」的才能。何況「英雄見慣亦常人」，應做如是觀。

滄桑看虹——沈從文的一次「偶然」

一九九六年由沈從文的次子沈虎雛編選，沈從文的夫人審核的《從文家書——從文兆和書信選》出版了。這些書信起於一九三〇年，迄於一九六一年，除少數曾經發表過，餘皆從未面世，它們經歷戰火動亂幸而留存，更顯得彌足珍貴。而這些書信也提供了一條過去鮮為人知的心靈線索，讓我們更接近更真實可信的作家本人。

一九二八年沈從文為了應付生活，經徐志摩介紹，進上海中國公學主講大學部一年級現代文學。在聽課的學生中，有一位剛從預科升入大學部一年級的女生，名叫張兆和，時年十八，面目秀麗，身材窈窕，性格平和文靜，學生公認她為校花。他出身名門望族，曾祖父張樹聲，為同治年間李鴻章統率的淮軍中著名將領，曾出任兩廣總督和直隸總督。父親張武齡，繼承一份厚實的家產，後遷居蘇州，獨資創辦平林中學和樂益女中。此時的沈從文已經二十六歲，早已過了一般人論婚娶的年齡。張兆和的美貌和沈靜，強烈地搖動著他，令他目眩神迷。然而口齒木訥的他，總是「愛在心裡口難開」，於是他只得用他那支筆，給張兆和寫起情書來了，而且一發不可收。可是張兆和收到情書時，謹守教養的她，卻緊張得有點不知所措，最後她聽任一封封情書而置之不理。但這下卻把沈從文急壞了，他的煩躁不安，不知怎樣，很快在校園傳開。張兆和的幾位女友勸她說：「你趕緊給校長講清楚，不然沈從文自殺了，要你負責。」張兆和也緊張起來，她帶著一摞情書，急忙找到校長胡適，怯怯地說：「你看沈先生，一個老師，他給我寫信……我現在正唸書，不是談這事的時候。」她希望得到胡適的支持，出面阻止這事的進一步發展。沒想到胡適卻微笑著對她說：「這也好嘛！他的文章寫得蠻好，可以通通信嘛。」此時，張兆和不免有些尷尬，言不及義地與胡適談了一會就告辭了。自此以後，張兆和只好抱定你寫你的，與我何干的態度。而早已知情的胡適，在給沈從文的信中只好無奈地嘆道：「這個女子不能了解你，更不能了解你的愛，你錯用情了。」然而沈從文卻憑著他那鄉下人特有的韌勁，在長達三年零九個月的時間鍥而不捨地追求他的愛，他相信，「她現在不感到生活的痛苦，也許將來她會要我，我願意等她，等她老了，到三十歲。」

「我說我很頑固地愛你，這種話到現在還不能用別的話來代替，就因為這事我的奴性。」「我行過許多地方的橋，看過許多次數的雲，喝過許多種類的酒，卻只愛過一個正當最好年齡的人。」「『萑葦』是易折的，『磐石』是難動的，我的生命等於『萑葦』，愛你的心希望它能如『磐石』」「精誠所至，金石為開。」沈從文正是以堅如磐石、矢志不移的追求，令一向雅靜平和又不乏堅強任性的張兆和，在三年多之後來到他的身邊。兩個「極端頑固」的靈魂，終於結出完美的愛情果實。這其中也折射出沈從文性格中某些最為可貴的光華。正如他在〈水雲——我怎麼創造故事，故事怎麼創造我〉一文中談到自己的婚姻時，曾自豪地說：「關於這件事，我卻認為是意志和理性作成的。恰如我一切用筆寫成的故事，內容雖近於傳奇，由我個人看來，卻產生於一種計畫中。」

一九三三年夏，沈從文辭去青島大學教職，與張兆和、九妹沈岳萌一起到了北京，這時他倆的愛情之果，也到了成熟的階段。九月九日，他們在北京中央公園水榭宣布結婚。婚事辦得極為簡單，沒有儀式，也沒有主婚人、證婚人，因為生活實在太窮了。新居在西城達子營，新房內沒有什麼陳設，兩張床上，各罩一幅錦緞百子圖罩單，是梁思成、林徽音夫婦送的，這才稍微顯得些喜慶氣氛，但有情人終成眷屬了。

新婚蜜月期間，沈從文開始他的《邊城》的寫作，直至一九三四年初春才完成。沈從文後來在〈水雲〉文中說：「這本小書在讀者間得到些讚美，在朋友間還得到些極難得的鼓勵。可是沒有一個人知道我是在什麼情緒下寫成這個作品，也不大明白我寫它的意義。即以極細心朋友劉西渭先生批評說來，就完全得不到我何如用這個故事，填補我過去生命中一點哀樂的原因。唯其如此，這個作品在我抽象感覺上，我卻得到一種近乎嚴厲譏刺的責備。」沈從文更進一步地道出，《邊城》是他將自己「某種受壓抑的夢寫在紙上」。沈從文提到在他幸福的新婚生活中，之所以寫這樣一個悲劇故事，是因為「完美的愛情並不能調整我的生命」，還需要寫另一種「和我目前生活完全相反，然而與我過去情感又十分相近的牧歌」，於是他把青島生活的感受和「我的過去痛苦的掙扎，受壓抑無可安排的鄉下人對於愛情的憧憬」，借這個不幸愛情故事得到「排泄和彌補」。因此學者劉洪濤認為《邊城》是沈從文在現實中受到婚外感情引誘而又逃避的結果。他說：「浪漫的愛情走向實際的婚姻，沈從文在精神上逐漸生出厭倦疲乏的心緒，是肯定的；同時，令沈從文動心的其他女子可能已經出現在他的生活中，《邊城》中人事處處透著『不巧』和『偶然』，是不是對婚姻的追悔的反映？」[1]

早在金介甫（Jeffrey C. Kinkley）寫《沈從文傳》（The Odyssey of Shen Congwen）（史丹福大學出版社，一九八七年）時，就認為沈從文的散文〈水雲〉是寫他婚外戀情的作品。〈水雲〉寫於一九四二年的昆明，是沈從文對他自己從一九三三年以來十年間情感與寫作歷程的自白。金介甫認為在文中沈從文把跟他有過纏綿繾綣之情的女性，一一作了訴說。只是該文寫得撲朔迷離，甚難窮盡原旨。金介甫曾統計〈水雲〉文中共寫了四個「偶然」。他根據《沈從文文集》（香港三聯書店，一九八四年）第十卷二七一～二七二頁提到了第一個「偶然」：沈為了「抵抗」這個姑娘的逗引，就寫了《八駿圖》。此人大概是俞珊。在〈水雲〉二七五～二七九頁上，沈寫了當年在熊希齡的香山別墅華貴客廳裡和這位熊家家庭教師邂逅傾談的情景。第三、第四個「偶然」在二九〇～二九三頁，（此人可能是昆明的高青子），這個人離開他後，沈說「雲南就只有雲可看了」！而「那個失去了十年的理性，才又回到我身邊」。這個「偶然」是否是前面提到的三位中的一個呢？其間撲朔迷離的說法，使人猜測這四個「偶然」也許說的是一個人，不過在沈的生活中多次出現而已。

金介甫的推斷沒錯，這個外遇的對象是後來出過集子的女作家高韻秀，筆名高青子（只是金

---

1 劉洪濤〈沈從文與張兆和〉，《新文學史料》二〇〇三年第四期。

介甫把她誤為女詩人，其實她是寫小說的）。沈、高兩人具體認識的時間難以確認，學者劉洪濤認為應該在一九三三年八月以後，最遲不會晚於一九三五年八月。據沈從文〈水雲〉文中觀之，高青子是熊希齡的家庭教師，沈從文有事去熊希齡在香山的別墅，主人不在，迎客的是高青子，雙方交談，都留下了極好的印象。一個月後，他們又一次相見，高青子身著「綠地小黃花綢子夾衫，衣角袖口緣了一點紫」，沈從文發現高青子是看過他的小說的，她的裝束就是模仿他小說〈第四〉裡的女主人公的裝扮，當沈從文把這點秘密看破，而高青子亦察覺自己的秘密被看破時，雙方略有尷尬和不安，但隨即有所會心，他們開始交往了。由此可知高青子是個慧心的文藝少女，據筆者訪問高齡九十五歲的同時代女詩人徐芳，她表示高青子是福建人，當時只是高中畢業，但對於文藝頗為喜好，後來她的寫作和沈從文的鼓勵和提拔有極大的關係。

一九三三年九月二十三日天津《大公報》〈文藝副刊〉創刊，在這之前是吳宓主編的〈文學副刊〉，那不是純粹的新文學刊物，用的還是大量的文言文。而楊振聲、沈從文接編的〈文藝副刊〉，是以文學創作為主，小說、詩歌、散文、戲劇全部顧及，沈從文號召了一批著名的作家有朱自清、周作人、蹇先艾、巴金、老舍、朱光潛、李健吾，也有新作家何其芳、卞之琳、李廣田、蕭乾等，當然更多的是不知名的年輕作者。文藝少女高青子可能就在此期間進入沈從文的視野。

著名的中國問題學者費正清（John K. Fairbank）的夫人費慰梅（Wilma Fairbank）女士在她的《梁思成與林徽音》（Liang and Lin）一書中，就提到沈從文，她說：「一九三四年，他當上《大公報》〈文藝副刊〉的主編，而徽音的大部分作品都在那裡發表。他和徽音差不多年紀。徽音很喜歡沈從文作品的藝術性和所描述的那種奇異的生活——距離她自己的經歷是如此遙遠。他們之間發展出一種熟稔的友誼，徽音對沈從文有一種母親般的關懷；而他，就和親兒子一樣，一有問題就去找她商量，找她想辦法。一個例子是，沈從文所愛的年輕妻子回南方娘家去了，把他一個人暫時留在北京。一天早晨他幾乎是哭著趕到梁家，來尋求徽音的安慰。沈從文告訴她，他每天都給妻子寫信，把他的感覺、情緒和想法告訴妻子。接著，他拿出剛剛收到的一封妻子來信給她看，就是這封信造成他的痛苦。他寫給妻子一封長信，坦白地表明他對北京一位年輕女作家的愛慕和關心，其中一句傷心的話引起了他妻子的嫉恨。他在徽音面前為自己辯護。他不能想像，這種感覺同他對妻子的愛情有什麼衝突。當他愛慕和關心某個人時，他就是這麼做了，怎麼可能不寫信告訴妻子呢？他可以愛這麼多的人和事，他就是那樣的人嘛。」費慰梅的消息得自林徽音給她的英文書信，有其可靠的一手資料。

而證之於高青子發表於一九三五年末的《國聞周報》第十三卷四期的小說〈紫〉，與沈從文當時的處境是若合符節的。故事從主人公的八妹角度觀之，敘述主人公與兩個女子之間的感情糾葛，在已有未婚妻珊的情況下，又「偶然」遇到並愛上穿紫衣，有著「西班牙風」的美麗女子——璇青（案：沈從文常有筆名「璇若」，「璇青」的靈感來自「璇若」+高青子。）於是主人公在兩個女子之間徘徊，激情與克制、逃避與牽掛，營造出矛盾又淒美的心靈風景。故事的八妹，實際上就是沈從文的九妹——沈岳萌。沈從文後來在〈水雲〉中曾提到幫這個「偶然」修改過文字，應該就是高青子的〈紫〉這一篇，而且〈紫〉又是在沈從文主編的《國聞周報》上發表的。高青子後來還有一篇〈灰〉，也是發表在《國聞周報》第十四卷三期。另外〈畢業與就業〉則是發表在同為沈從文主編的天津《大公報》〈文藝副刊〉一〇二期（一九三六年三月一日）；〈黃〉則發表於《大公報》〈文藝副刊〉二〇二期（一九三六年八月二十三日），都和沈從文有極大的關係。不僅如此，後來高青子將〈紫〉、〈黃〉、〈黑〉、〈灰〉、〈白〉及〈畢業與就業〉六篇小說，集結成《虹霓集》，於一九三七年由上海商務印書館出版。女詩人徐芳就明確指出是沈從文出的力。徐芳與沈從文是熟識的，早在一九三五年十一月《大公報》〈文藝副刊〉每月出版兩期〈詩刊〉，由孫大雨、梁宗岱、羅念生集稿，當時在沈從文的約稿名單中，就有女詩人徐芳。

學者劉洪濤在一九九七年時，曾就高青子之事，訪問過張兆和女士，張兆和對該事雖經過了半個世紀仍耿耿於懷。她承認高青子長得很美，親友們曾居中勸解，有人甚至要給高青子介紹對象，以了結她和沈從文的關係。其中翻譯家羅念生，就是「對象」中的人選，但此事並沒結果，後來羅念生在一九三五年冬，與擅長青衣的馬宛頤結婚了。

沈從文的性格不是剛烈、果斷的那一種，他雖然情感上受到高青子的吸引，但理智上還是要留在張兆和身邊。因此此時的沈從文在感情上是矛盾與痛苦的，他曾向林徽音傾訴過，林徽音在一九三六年二月二十七日回覆沈從文的信中，這麼說：「……接到你的信，理智上，我雖然同情你所告訴我你的苦痛（情緒的緊張），在情感上我都很羨慕你那麼積極那麼熱烈，那麼豐富的情緒，至少此刻同我的比，我的顯然蕭條頹廢消極無用。你的是在情感的尖銳上奔進！……你希望抓住理性的自己，或許找個聰明的人幫忙你整理一下你的苦惱或是『橫溢的情感』，設法把它安排妥貼一點，你竟找到我來，我懂得的，我也常常被同種的糾紛弄得左不是右不是，生活掀在波瀾裡盲目的同危險周旋，累得我既為旁人焦灼，又為自己操心，又同情於自己又很不願意寬恕放任自己。……」

在這同時林徽音也把這件事寫信告訴好友費慰梅，她信中這麼寫著（案：根據梁從誠先生的譯文）：「要是我寫一篇故事，有這般情節，並（像他那樣）為之辯解，人們會認為我瞎編，不近情理。可是，不管你接受不接受，這就是事實。而恰恰又是他，這個安靜、善解人意、『多情』而又『堅毅』的人，一位小說家，又是如此一個天才。他使自己陷入這樣一種感情糾葛，像任何一個初出茅廬的小青年一樣，對這種事陷於絕望。他的詩人氣質造了他自己的反，使他對生活和其中的衝突茫然不知所措，這使我想到雪萊，也回想起志摩與他世俗苦痛的拚搏。可我又禁不住覺得好玩，他那天早上竟是那麼的迷人和討人喜歡！而我坐在那裡，又老又疲憊地跟他談，罵他、勸他，和他討論生活及其曲折，人類的天性、其動人之處及其中的悲劇、理想和現實！過去我從沒想到過，像他那樣一個人，生活和成長的道路如此地不同，竟然會有我如此熟悉的感情，也被在別的景況下我所熟知的同樣的問題所困擾。……」

一九三七年「七・七」抗戰爆發，沈從文在同年八月十二日，離開北平，南下武漢、長沙。一九三八年四月經貴陽到達昆明。而當時張兆和剛產下次子虎雛，身體虛弱，並沒有與沈從文同行，她一直到一九三八年時一月，才攜龍朱、虎雛二子輾轉來到昆明與沈從文團聚。一九三八年詩人徐芳也來到昆明，據她說她當時住在昆明市玉龍堆四號，她和張敬小姐（後來成了林中斌的母親，林在台灣，曾任國防部副部長）住一間房，而高青子和熊瑜（熊希齡的姪女）則住一間房，她們共用一間客廳。

一九三九年六月二十七日，國立西南聯合大學常務委員會第一一一次會議通過決議：「聘沈從文先生為本校師範學院國文學系副教授，月薪二百八十元，自下學年起聘。」而高青子因沈從文的推薦也在西南聯大圖書館任職，我們從教職員名錄中查到：「圖書館員高韻秀，到職時間為一九三九年六月，離職時間為一九四一年二月。」在昆明期間兩人同在西南聯大，他們的交往就更加密切了。徐芳在訪談中表示當時對他們兩人的往來，流言是頗多的，主要在於沈從文早已有了家室了。而作家孫陵在《浮世小品》書中，有著近距離的觀察，他說：「沈從文在愛情上不是一個專一的人，他追求過的女人總有幾個人，而且，他有他的觀點，他一再對我說：『打獵要打獅子，摘要摘天上的星子，追求要追漂亮的女人。』他又說：『女子都喜歡虛情假意，不能說真話。』他對於女人有些經驗，他對我說的是善意的，我複述也並無惡意，雖然我並不同意。這時他還發表了一篇小說，《看虹摘星錄》，完全是摹擬勞倫斯的，文字再美又有何用？幾位對他要好的朋友，都為了這篇小說向他表示關心的譴責。他誠懇地接受，沒有再寫第二篇類似的東西。」

沈從文在一九四一年七月寫成小說〈看虹錄〉，後來在一九四三年三月重新改寫，並發表於同年七月十五日的《新文學》第一卷第一期。故事敘述一個作家身份的男子，在深夜去探訪情人，窗外雪意盎然，室內爐火溫馨，心靈早已相通的兩人，在這愉悅的氣氛中放縱了自己，他們向對方獻出自己的身體。小說插入大量抽象的抒情與議論來體現沈從文的獨特思索，他進行多種文本的實驗，既有隱喻的語言模式，又有轉喻式的多種故事結構方式，在加上佛洛伊德的心理分析，過多的技巧實驗，壓垮故事的情感敘述，再加上沈從文刻意要把這段婚外情，寫得隱晦，因此這小說是晦澀難懂的。「一篇錦瑟解人難」，其最大的原因，在於大家沒有找到小說的本事，而把它解釋成哲學上的形象思維，那真是有點「癡人說夢」了。而左翼批評家的交相指責他寫色情，或是後來郭沫若甚至直接對他貼上「桃紅色」作家的標籤，則不是膚淺的皮相之論，就是在政治上別有用心。

「虹」是美的象徵，沈從文的「看虹」，可解釋為對美好女性的追求。它指向的正是高青子，何況高青子的小說集，不正是名為「虹霓」嗎？金介甫也認為〈看虹錄〉的女主角，也正是〈水雲〉裡的「偶然」。他說：「我曾寫信問過沈夫婦，打聽〈水雲〉中的偶然到底是誰？沈在一九八五年三月九日回信中只簡單說了一句『的確有過這樣的人』。據作家金隄說，〈看虹錄〉裡寫的那個房間他很熟悉，寫的正是昆明的沈家。一九八二年金隄向沈夫婦打聽過這件事。張兆和說，沈當時不讓她讀〈看虹錄〉。金隄問到這篇小說的真實性時，沈只是笑而不答。『但他的笑說明，小說中必定有某種程度的真實性。』金隄揣測是沈憑想像把姑娘寫進他的房間。金隄告訴沈夫人說，這篇小說可能表達作者的一種幻想。沈夫人說，這篇小說可能一半是真情，一半純屬幻想。我也有這種看法。」[2]

其實更直接而權威的說明，是沈從文自己。他提到他在〈看虹錄〉的「屈服」是：「火爐邊柔和燈光中，是能生長一切的，尤其是那個名為『感情』或『愛情』的東西。……一年餘以來努力的退避，在十分鐘內即證明等於精力白費。」「我真業已放棄了一切可由常識來應付的種種，一任自己沉陷到一種感情漩渦裡去。」

美麗的虹彩是轉瞬即逝的，短暫的婚外戀情，也總不敵長久的婚姻，於是「那個失去了十年的理性，才又回到我身邊」！高青子最後選擇了退出沈從文的生活，時間大約是一九四二年。於是沈從文寫道：「因為明白這事得有個終結，就裝作為了友誼的完美，…帶有一點悲傷，一種出於勉強的充滿痛苦的笑，…就到別一地方去了。走時的神氣，和事前心情的煩亂，竟與她在某一時寫的一個故事完全相同。」這裡沈從文提到的那個故事，也就是高青子的〈紫〉，那是高青子寫她和沈從文的婚外戀的故事，故事結尾是女主角最後像流星般地劃過天際，不知所終，而在現實中高青子也倏然飄引，聽說後來跟了一位工程師結婚了。

一九九五年張兆和在編完《沈從文家書》，寫下〈後記〉說：「六十多年過去了，面對書桌上

2　金介甫一九八二年五月二日訪問金隄的談話。

這幾組文字，校閱後，我不知道是在夢中還是在翻閱別人的故事。……有微笑、有痛楚；有恬適、有憤慨；有歡樂，也有撕心裂肺的難言之苦。從文同我相處，這一生，究竟是幸福還是不幸？得不到回答。我不理解他，不完全理解他。後來逐漸有了些理解，但是，真正懂得他的為人，懂得他一生承受的重壓，是在整理編選他遺稿的現在。過去不知道的，現在知道了；過去不明白的，現在明白了。他不是完人，卻是個稀有的善良的人。」這是和沈從文攜手走過半個多世紀的張兆和的肺腑之言。在這漫長的歲月中，無論是戰亂中的苦苦分離，或是三五日短暫小別，魚雁尺素始終心連心。沈從文獨特的生命體驗、曲折的心路歷程，以及過人的才情，都悄悄地滲透在他給張兆和的書信中，當然這還包括他倆半世紀以來，相濡以沫的至性至情的詩篇！

從一篇佚文看蘇青與姜貴的一段情

二〇〇九年張愛玲的遺作《小團圓》問世，再度掀起話題，一時之間報章雜誌「滿城爭說《小團圓》」。當代中國作家的遺著，還能引起如此熱烈地討論者，大概只有我們「祖師奶奶」了。在如此巨大的討論中，有相當大的篇幅集中於《小團圓》的影射人物，《小團圓》是自傳體小說，無庸諱言，有它指涉的對象，但張愛玲寫起小說來，充滿想像力，「穿、插、藏、閃」，一直是她的拿手絕活。因此《小團圓》書中，即便你對出「實際」的人物，有些事你還是無法「一一覆按」的。而不同於張愛玲，蘇青的《續結婚十年》雖也是自傳體小說，但它是紀實的，甚少有虛構的地方。對《續結婚十年》甚有研究的黃惲就說：「張愛玲一直是個虛構的高手，即寫自己也有筆下故弄狡獪處，而蘇青才是寫實的作家。她很可能是想像力不足，所以張愛玲說蘇青近於世俗，言下自己才充盈著靈性呢！」因此《續結婚十年》，是秉承《孽海花》以降的小說傳統，蘇青採用化名去寫真實的故事。黃惲就考證索隱出其中人物對照表：金世誠（金總理）——陳公博；戚中江——周佛海；徐光來——朱樸；魯思純——陶亢德；潘子美——柳雨生；周凡——譚惟翰；木然——實齋；范其時——魯風；秋韻聲——關露；裘尚文——金性堯；周禮堂——紀果庵；談維明——胡蘭成；郭小姐——莫國康；鄭烈——袁殊；張明健——吳嬰之；錢英俊——周黎庵；共十餘人。蘇青在寫這部小說時，或許有為離婚後的這幾年，留下生活實錄，而這段期間正好是上海淪陷時期到抗戰勝利後的初期，她同時也記載了當時文壇這些作家的情況，其史料價值正不言可喻。

蘇青的《續結婚十年》第二十小節〈十二因緣空色相〉記載她和「謝上校」的一段戀情，後來兩人還曾賦同居過一段日子。根據蘇青的習慣書中所寫的是「確有其人」也「確有其事」。然查大陸的相關研究書籍及三本蘇青的傳記，均無人提及「謝上校」所指為何人。日前與台灣史料專家秦賢次兄閒聊，秦兄告知他聽聞姜貴的研究者應鳳凰女士提及「謝上校」當為姜貴（日後在台灣文壇鼎鼎大名，寫有《旋風》、《重陽》、《碧海青天夜夜心》等小說。）。於是查了應女士所寫〈姜貴的一生〉（收入於其所編的《姜貴的小說續編》一書），果有「抗戰勝利時，姜貴已是湯恩伯將軍總部一員上校。在上海接收，可說十分風光。他與當時的上海文藝界亦有往來。出版《結婚十年》的當紅女作家蘇青，有篇文章提到『某上校』即是姜貴，這是他親口告訴好友墨人的。而他與蘇青的一段戀愛，經姜貴的『重塑』，清清楚楚寫在另一個中篇〈三豔婦〉之中。」

姜貴（一九〇八～一九八〇）本名王意堅，後改名王林渡，山東諸城人。曾就讀於濟南省立一中，後轉學青島膠澳中學。一九二六年中學畢業，到廣州國民黨中央黨部工作。九一八事變後到北平鐵道學院讀書。一九三五年任職於徐州津浦鐵路。一九三七年將妻子安置於重慶後，就抗戰從軍，抗戰勝利時已是湯恩伯部下一名上校，參與了上海接收。在這期間他認識了蘇青，所以身份是「王上校」沒錯，蘇青寫入書中時習慣改名換姓的。他們兩人相識後就過從甚密，終賦同居。因此當時上海的方型周刊（小報）《東南風》在一九四六年第六期，曾刊有名為「期森」寫的〈蘇青的靠山是一個軍人〉的文章說：「近聞蘇見漢奸多告復活，久寂思動，結識一某軍人作其保鑣，擬辦一『白話旬刊』，其通訊處為靜安寺路某弄，大事宣傳，毫不知恥，誠怪事也。」。一九四六年姜貴辭去軍職，稍後在上海出任中國工礦銀行總管理處秘書，兼江海銀行總行秘書處長，且擔任永興產物保險公司業務副理。一九四八年十二月舉家到臺灣，住在台南十七年。起初經商，後來經商失敗，逐漸以寫稿賣文謀生。

姜貴的中篇小說〈三婦豔〉原發表於一九七一年十二月一日出版的《文藝月刊》第三十期，曾收入遠景一九七七年三月初版的《蘇不纏的世界》一書，一九八七年應鳳凰編《姜貴的小說續編》（九歌出版）又收入此篇，唯改題為〈三豔婦〉。〈三婦豔〉其實也可以說是姜貴的自傳體小說，描寫他與三位女子的愛戀情結，是為他一生中的三段豔事，故名之為〈三婦豔〉。改題為〈三豔婦〉，似有些名不符實，因小說中任何一位女子都無以當為「豔婦」也。

姜貴在該篇小說中也一如蘇青採用化名的手法，但明眼的人馬上可以看出其中的影射。他說在這三名女子中，有一位名叫「蘇白」，她寫了一部《離婚十年》（案：實際上當為《結婚十年》），她把「飲食男女，人之大慾存焉」改為「飲食男，女人之大慾存焉」，生動妙絕，可謂慧黠之極。她有個短篇集子，題名《飲食男女》至此蘇青的形象已經呼之欲出，昭然若揭了。

我們再看小說〈三婦豔〉中的一段描寫：

我與蘇白往來日密。有天晚上我去看她，事先未約定，時間又遲了些。發現她十一二歲的兩個女兒，在地上打鋪睡覺，而大床空著。她一個人還坐著，一燈相對，若有所待。

「怎麼還沒睡覺？大牀空著，你是不是等人？」

「是的。」

「等誰？要是就快來了，我馬上就走。」

「等的人已經來了。要是你不走，我等的就是你。」

「怎麼知道我要來？」

「那很簡單，因為我天天都等。」

這使我不覺漸漸著迷。離婚丈夫就住在對面二樓上，也還不曾結婚，如果這邊不拉窗簾，他居高臨下，一目了然。丈夫是律師，為了雙方的某種利益，有人說他們離婚是假的。我問過她，她斷然否認。律師的業務不振，她託南京偽府的陳，替他找過差事。差事不好，幹了一陣辭掉。如此而已。

離婚後的蘇青獨自撫養兩個女兒，前夫李欽后的情況也一如小說中所描寫的，連蘇青的對白都像極了她的個性，這不是曾是「枕邊人」是很難描摹得出的。小說又說：「對於蘇白，說老實的，我已漸漸著迷。她是南京偽府陳（案：陳公博）的一碟青菜，卻是我的山珍海味。總之，為了和蘇白方便相會，我決定弄個房子。周君先帶我去看看，我又帶蘇白去看看，中意，一個晚上，就住進去了。」而蘇青在《續結婚十年》中對謝上校的「金屋藏嬌」有細膩的描寫：

> 有一天，他忽然對我說，有人送給他一幢接收下來的房子，他是不久要回部隊的，房子空著沒有用，不如送給我去住了吧。女人大都是貪小利的，我也自然不能例外，嘴裡儘管說：「這怎麼好意思呢？」心裡也不免覺得高興。
>
> 又過了幾天，他說房子家具都收拾好了，不過他是一個武人，恐怕不夠藝術眼光，還是請我自己去看看吧。「等你把一切都布置好了以後，再去把你的兒女接回來同住吧。」他怪周到地替我設想好了。
>
> 就在一個下著毛毛雨的傍晚，他坐著一輛小汽車來接我去了，汽車穿過許多濕淋淋的街道，他欲語又止，我含笑凝視著他，等他說出話來，最後他這才怪抱歉似的一字一句說道：「我因為那房子必須用我的名義才可以接收下來所以所以只得對他們說說你是」
>
> 「說我是怎麼呢？」我恐怕房子有問題，不禁焦急地問。
>
> 他俯首不語，半晌，這才抬起頭來向我告罪道：「我很抱歉，好在我明天就要回去了，我只好對他們說你是我的太太。」

我驟然覺得臉熱起來，把眼光移開，他卻獨自微笑了。

姜貴和蘇青的小說兩相對照，相互呼應的地方倒不少，可看出相當大成分的真實性。只是一般讀者還是常常會把它們當小說看，因為他們對當時的時空背景、人與事，沒那麼熟悉，一時沒那麼容易地「對號入座」。而這或許也是姜貴敢於「重塑」這段故事的原因之一。

筆者做為一個史料研究者，當然也不能因此兩篇小說而去百分百斷言某些情事，雖然它是非常重要的一個「內證」，但畢竟它還是小說，很難當十分有力的一手資料。於是我找遍了姜貴的著作，想要從中找到他回憶的文章，或許能窺探出一些蛛絲馬跡，但結果是令人失望的。

而偶然間我在南港中央研究院近史所的圖書館翻閱香港《春秋》雜誌，發現盧大方寫有一文章，談到抗戰勝利初期他在上海辦了一張《滬報》，曾託潘柳黛邀請蘇青寫《續結婚十年》，後來《滬報》辦了半年，因虧損過巨，被迫停刊，致使蘇青的《續結婚十年》也沒登完。盧大方說：「這一本書，其後由她自己補足而加以出版的，我沒有看到，可能在此書出版後不久，我和柳黛早已到了香港了。」（筆者案：《續結婚十年》一九四七年二月，由四海出版社出版）。又說：「事有湊巧，一天在朋友所辦的一張日報，讀到一篇題為〈我與蘇青〉的文字，作者署名謝九，這不用說即是蘇青筆下的『謝上校』了。這位謝九先生官居上校，竟然也能執筆，該是一個文武不擋的人物；所述對象又是我的舊識，引起我的興趣，因此在讀罷之後，更拿他的原稿剪貼起來，一直保存到今天。」文後附有重排過的謝九的〈我與蘇青〉全文，但沒有記載該文發表於何時、何處，從謝文中我得知該文是發表在香港的《上海日報》，由於文中一開始寫到「民國三十八年九月間，到了上海」，第一直覺我覺得一定是重排時手民之誤，實際上應該是「民國三十四年九月間」，這使我覺得必需找到原報紙來核對。盧大方的文章是發表於一九七八年三月十六日，但謝九的〈我與蘇青〉發表於何時，他當時也沒記下日期。於是我開始要做海底撈針，而未必有成的工作了。

首先我請教了忘年之交的新聞界耆宿黃天才先生，確定當年台灣確有香港《上海日報》。於是在國家圖書館查到有一九五五～一九六四年的微捲報紙，在機器上逐頁逐頁翻找，皇天不負苦心人，終於在一九五七年一月十五日發現了謝九的〈我與蘇青〉一文。香港《上海日報》其實是延續上海的小報風格，是小方塊小方塊的文章，謝九的〈我與蘇青〉也是每天約五百字，連登半個月，至一月二十九日登完的。該報雖是小報，但名家輩出，在謝文刊登的前後，就有潘柳黛、盧大方、周天籟、馮蘅、貓庵、馬五（雷嘯岑）等人的文章，又因它在台北市南陽街十八號設有台灣分社，因此也有台灣作者，如寫有《春申舊聞》聞名的陳定山，就在此時連載他的〈百丑圖〉長文，並由他的兒子陳克言繪圖。

看過謝文的盧大方，一眼就認出謝九是蘇青筆下的「謝上校」。而謝九在文章也承認他就是「謝上校」。他對蘇青在《續結婚十年》對他的描述也沒有任何的辯駁；而他指出蘇青引用他兩首詩，第一首「後來被收入《續結婚十年》中，「兩」字印成「雨」字，頗與我的原意有距離。」而第二首是一九四四年春，「姬人韓氏逝，我曾寫悼詩四首。虹口居常無事，我寫出來給蘇青看看。她把第一首拿去了，也印在《續結婚十年》中，算作我贈她的第二首，實在不倫不類。」這些細節若非當事者，旁人很難道出。

謝九是「謝上校」殆無可懷疑的，但又何以證明謝九就是姜貴的化名？首先從謝文中說「蘇青生於甲寅，我則生於戊申，按理寅申一沖，不能好和。」若非兩人其中之一人，何以知道蘇青是一九一四（甲寅）年生，姜貴是一九〇八（戊申）年生，兩人相差六歲，命理上是犯沖。謝文又說：「我在北方長到十多歲，然後到上海，去廣州」，「民國三十四年九月間，我帶著整整八年的大後方的泥土氣，到了上海。我在虹口一座大樓裡擔任一個片刻不能離開的內勤工作。」，「以後，因我常住無錫，虹口的房子被收去了。」這跟姜貴當時的履歷、行止完全吻合。當然這些都只是「外證」而已。

更重要的的「內證」，則是拿晚出十四年的小說〈三婦豔〉（一九七一）來和〈我與蘇青〉（一九五七）兩相對照，即可知道同屬一人手筆。例如：〈三婦豔〉中說他回到上海奉命主持一個機構，因機構中的打字小姐而借得《結婚十年》這書，讀完後，按著出版社的地址，給作者寫了一封信去，後來信轉了幾道手，她才收到。又說：「她為文私淑周作人。周氏昆仲，樹人鋒芒畢露，一針見血，尖刻表裡互見。作人則表面平淡，有似不食煙火者，而鋒芒暗藏，妙在針不見血。蘇白視作人為偶像，崇拜之至。特地作了一套黑色禮服，準備北上專誠拜謁。適逢時局大變，未獲行成，而作人入獄了。」又說：「我不吸煙，而愛小酌。晚上她出來，兩個人飯館裡一坐，我一喝就是一兩小時。她滴酒不飲，一旁陪著娓娓清談，自始至終，毫不厭倦。」〈三婦豔〉又描寫戰敗後的樓下日本人石原，捧著一個唱機和許多唱片，走上樓來，打開唱機，一逕撿一張唱片放上，就唱起來了。這是一種日本的悲歌，其聲悽厲，偶然一聲兩聲，聽得我汗毛直豎。後來石原站起來，鞠躬：「唱機留在這裡，喜歡的時候聽聽。」悄然下樓而去。他的背影消失之後，蘇白立刻把唱機停了，拭淚說：「戰敗，使我對他個人同情傷感。今天，石原君的過訪，是一個淒涼的場面。」「是的，你和我的感受完全相同。」蘇白把唱機唱片放到一邊去，以後我們從未碰過它。諸如以上情節早在十四年前謝九的〈我與蘇青〉一文就出現過，甚至有的句子還一字不差，若謝九和姜貴不是同一人，那姜貴豈不犯了嚴重抄襲之嫌了嗎？

再者就在謝九的〈我與蘇青〉刊畢的一個半月後，姜貴以「姜貴」的筆名在香港的《上海日報》連續刊出方塊文章〈新年如意〉（三月十四日）、〈我的春聯〉（三月十五日）、〈蘭酒〉（三月十六日）、〈論臺灣酒〉（三月十七日、十八日、十九日）、〈長篇罪言（一、二、三、四）〉（五月二十六～二十九日），難道這是巧合嗎？

至於姜貴何以用「謝九」的化名寫〈我與蘇青〉，一方面是延續蘇青《續結婚十年》中的「謝上校」，讓讀者認為是「謝上校」現身說法，而事實也是如此。當時的盧大方甚至還認為「這位謝上校也到香港來了。我不認識他，遂也無法向他打聽蘇青的消息。」而《上海日報》的編輯也認為

〈我與蘇青〉，極具可看性，有當事者爆料的內容，因此分成十五天刊登，還加上「奇文共賞」的副標題。至於姜貴又何以不敢用姜貴之名發表，筆者推斷姜貴當時是有妻有兒，爆出如此大的緋聞，在當時保守的臺灣社會將會引起多大的非議，對久臥病床的妻子，將情何以堪！因此他用化名，來寫他所知道的蘇青，這一方面是由於他讀了潘柳黛的〈記蘇青〉一文，潘柳黛和蘇青雖是好友，但有些事就不如他這個蘇青的「枕邊人」知道得多，因此他看了潘柳黛的文章，不覺得技癢，不吐不快，於是提筆為文，他甚至還更正了潘柳黛的某些誤記。文章選擇在香港刊登，臺灣看到的人不多，即使看到了，也會如同盧大方般的以為「謝上校」是在香港。至於十四年後他以姜貴之名「重塑」這段情節時，那時他的妻子早已墓木已拱。加上是以小說形式來寫，完全不同於自述文章。自述文章白紙黑字不容狡辯；小說則可以「純屬虛構，如有雷同，皆屬巧合」當護身符，拒絕被「對號入座」，因此他採取用姜貴之名發表。

姜貴巧妙的用「謝九」寫下了〈我與蘇青〉，向歷史做了坦白的交代；同時也躲過當時社會的非議，和自身難堪的尷尬。但遺憾的是這篇文章卻成為他的佚文，不僅盧大方把他剪報剪下來貼在簿子保存了二十一年，到公布時還不知真正的作者是鼎鼎大名的小說家姜貴。甚至連姜貴的研究者都不知有這篇文章，筆者是在機緣湊巧之下，層層地追索，終於找到它的出處，但它已經被雪藏了五十三年之久了！半個多世紀過去了，往事已蒼老！

〈我與蘇青〉作為姜貴的研究史料是重要的，它不單只是揭示姜貴與蘇青的一段情史，它還是解讀蘇青的《續結婚十年》和姜貴的〈三婦豔〉的「承先啟後」的一把鑰匙。它雖然簡單扼要，卻是瞭解蘇青一些人際關係的重要依據。例如姜貴說：「她時常提到陶亢德，讚美他風度好。陶亢德喜歡一邊飲著酒，一邊聊天，她則喜歡陪他。因為她過份稱讚陶亢德，我有時感到不快。」而蘇青在《續結婚十年》描寫魯思純即是陶亢德，蘇青說：「魯思純平日是沉默寡言的，但在酒酣耳熱際，牢騷便發不盡。他上下古今的談論著，一會兒罵狗官，一會兒想像幽居山林之樂，他該是晚明儒生的典型吧，然而淳厚拘謹則過之，又沒有宋儒之迂，我對他確實相當的心折。」蘇青又說：「公寓裡的燈火都熄滅了，殘葉遍地，枯枝靜悄悄，我不禁低回留戀不已。進了自己的房間，首先嗅到一陣濃烈的煙味，是如此夠刺激的，男人們若不會飲酒抽煙又算是什麼呢？我喜歡魯思純的明達而淡泊，假如一個女人能嫁到這樣丈夫，紅袖添香伴讀書，閨房之樂豈非可以媲美易安居士與趙明誠嗎？」。姜貴要言不煩地點出蘇青對陶亢德的鍾情，姜貴的觀察是夠敏銳的。蘇青在《續結婚十年》以相當大的篇幅描寫趙瑞國，其中雖有「有一天，他照例坐著汽車來接我了，在蜀江川菜館門首停下，他命保鑣下去詢問可有房間，保鑣回來說是只有散座了，他便命車夫開到別處去，如此走了三四家，才在一家很講究的錦心粵菜館裡坐下了，」及「他常回憶過去，茵夢湖畔的戀愛故事，他說他曾愛過一個異邦女兒，只為羞於啟齒求婚，他常常自瀆，後來性機能便衰弱了。」的敘述，但當您把它當小說看，您會認為是蘇青虛構的。但姜貴說：「蘇青常常掛在口上的人物，陶亢德之外，便是周化人了。他常帶著保鑣請她到外面去喫飯。周化人患有某種隱疾，唯蘇青能滿足他的需求。」簡單的一兩句話，就一語中的，解開了連研究者都未曾「對號入座」的人物。

另外〈我與蘇青〉文中提到蘇青為詹周氏殺夫寫過文章，那文章是〈為殺夫者辯〉發表在一九四五年六月的《雜誌》第三期。蘇青此舉招來非議和人身攻擊，但她不屈從輿論重壓，又寫〈我與詹周氏〉一文來抗爭。三十七年後，臺灣知名女作家李昂也根據此一事件寫成了《殺夫》出版。還有蘇青和陳公博的親密關係，蘇青和離婚丈夫的弟弟（亦即小叔）的關係（案：蘇青後來和小叔有染，最小的女兒即小叔所生。），姜貴都有披露，這些是很多都是局外人所不知的，姜貴或親眼目睹或親耳聽自蘇青之口，如實地記下珍貴的史實，因此〈我與蘇青〉是篇不可多得的文獻，不應等閒視之！

附錄：我與蘇青

謝九（姜貴）

民國三十四年九月間，我帶著整整八年的大後方的泥土氣，到了上海。我在虹口一座大樓裡擔任一個片刻不能離開的內勤工作。我的「部下」有六個打字員，恰好三男三女。他們都是二十歲剛冒頭的青年，從未離開過上海一步的地道上海人。他們新近加入我的工作。

過了雙十節，事情鬆點了，我有時跑到他們的打字房裡聊一會，我把他們當小弟妹看待。有一回，不知怎的一下談到文藝出版界的事情了。我問：「上海在淪陷期中，可有好的文藝作品可看？」一位女打字員便不假思索，興沖沖說：「有一本《結婚十年》，你看過沒有？」我說沒有。她便讚不絕口，認為人生在世，不讀《結婚十年》，真是天大的冤枉。於是她說：「我有，我有。明天我帶來給你看。」

她這一推薦，也引起另一位男打字員的不滿。他說話很不好聽，以為是爛污女人的爛污作品而已，讀這種東西，真真有傷體面。此語一出，三位女打字員立刻聯合反擊，雙方舌槍唇劍，各不相讓，鬧得不亦樂乎。後來越鬧越離譜，我便以主官身份，下令休戰。我說：「再也不要吵了。究竟那書是好是壞，等我看過，給你們來一個調解如何？」

他們這才安靜下來。第二天早上，我便見到了《結婚十年》。《結婚十年》予我的印象是深刻的。她文筆犀利，而精於組織。把夫婦間許多瑣事，寫得那般生動，引人入勝，真不是容易事。周作人的文章，表面平淡無奇，骨子裡帶刺，《結婚十年》的筆調，好像很受他的影響。

但我告訴我的六位青年朋友的三位小姐說：那本書好是好的，卻不像你們所說的那樣了不起。又對那位男的說：她也沒有你形容的那麼爛污。離婚是一個悲劇，她的報告值得人同情。

我的中庸之論，給他們一種鎮定，原本事不干己，從此再無異議。於是我問他們有沒有人認識作者蘇青？回答是否。

看看小報，則不時發現攻擊她的文章，有說她有狐臭的，也有說她纏過腳的。此外種種，不一而足。但由於我的「憐才」之一念，所有這些攻擊，都增加了我對她的同情。終於，我按《結婚十年》的出版地址，給她寄去一封信，表示我的敬佩和慰問。寫信時，偶然連想到李易安生前死後，也曾受過不少的攻擊，但並無損於她的人格和她的作品的文藝價值，便也寫在信裡，算是我對她的一種鼓勵。不消說，這樣的信是在任何場合和對任何人都可以公開的。我無所用其躊躇，貼上郵票，寄了出去，不過是一封不相干的平信罷了。

我自然知道這樣的信極可能得不到回信，尤其對方是一個女子。果然，那封信既未退回，也沒有回信來。我也就扔開了。

這期間，我又讀了她的另外一本散文集。對於詹周氏手刃親夫一案，她有一篇文章，從法律觀點，對犯罪心理加以分析，認為詹周氏固然不免有罪，但她的丈夫亦有取死之道。說得頭頭是道，原是及近人情的一番話。這篇文章在發表的當時，就曾引起周作人的重視，特寫信給她予以鼓勵。而當時亦有人攻擊她，認為她便是詹周氏一類型的惡婦，所以才寄詹周氏以同情，為文代為辯護。

作為一個男人，對這篇文章，我倒是贊佩的。自然，我的贊佩是僅僅對於文章的，並不以為謀害親夫是一件值得提倡的事。

然而事隔四十餘日，意外的，我得到了蘇青的回信。原來她和我寄信去的那個出版社平常並不來往。有她的一位朋友，常州人，在虹口某中學教書的，偶然走到那地方，見了那信，順便拿了來轉交給她，她才收到的。她告訴我斜橋弄的住址和電話號碼，希望以後常通信。作為一個作者和讀者，這也是平常事。

經過很短期間的通信以後，她約我在一個晚上到她的寓所去談談，我遵約去了。她住在樓下，正當樓梯口，從窗內隔天井可以望到弄堂裡，她在窗內等我。我照她事先告訴我的那房屋形勢，敲敲門，便見到她了。

這一晚，她家裡祇她一個人。孩子們放到弄堂裡去玩，燒飯司務放假出去了（蘇青自云，有個寧波廚子，善烹調，但我自始至終沒有見過這個人）。略談之後，她約我到弄口對面一家咖啡店裡去坐坐。樓上客人很少，隔座幾個青年人交頭接耳注視著我們這一邊。於是蘇青說：「我平常不大出來，很多人認識我，而我不認識他們。」說話間，時以左手輕撫額部左端，像搗著左眼的樣子，是她小動作中最特別的一個。以後我問她那是什麼意思？她自己也解釋不來，說或者因為小時候那邊留著前髮，留下掠髮的習慣罷。

茶罷，她搶先去會賬，我讓她會了。因為這一次她為主人，我尊重她主人的地位，而錢又很少，便不客氣。最近讀了潘柳黛女士記蘇青小心用錢的情形，我回想起那一回事來，估不定我當時做得對還是不對了。但以後熟了，凡我所言所行，她無不毫不隱飾的加以批評，卻從來沒有提起那次讓她會賬的事來；可能她並無介意，因為這個人是有話便要說的。

初見蘇青，我覺得她亦是一個家庭主婦而已。她祇顧自己說話很多，而少有聽對方說話的耐性。這一點，有時使你疲勞，因為你必須傾聽；也有時使你省力，因為你可以不必說話。我送她越過馬路，在弄堂口道別了。

因為讀了潘柳黛女士〈記蘇青〉的大作，引起我寫此一蕪文；僅在為《上海日報》湊熱鬧而已，並無他意。發表這些瑣碎事，可能被解釋為揭露「隱私」，有傷私德。則我的意見是這樣的：自由世界與竹幕大陸已經是兩個天地，這些舊事，由於地理關係，已與對方痛養無關。此其一。

張愛玲謂：蘇青口沒遮攔，但她是有分寸的，真到要緊的，她便不說了。但據我所知，她的「要緊的」，並不包括性愛在內。她對這些事一點也不隱諱。勝利之初，蘇青曾有幾天不見，沒有人知道她到那裡去了，但後來又出現了。這一隱一現，才是她的「要緊的」秘密，任何人她都絕口不談。這樣的例子，在她是絕無僅有。此其二。

我與蘇青一段「因緣」，在《續結婚十年》中，已由她照實發表無遺。其中有謝上校者，便為鄙人。有兩首詩並照錄鄙人原作，一字不易。是此一公案，茲僅再由我以我的立場、我的看法，複述一番而已，不能算由我主動揭露。此其三。

《續結婚十年》中，對謝上校有微詞者二事：一為來歷不明；一為徒事猛悍，把講戀愛當嫖窯子般去處理（手邊無原書，大意如此）。她說的可能有理，我不替自己辯護。我今日的敘述，將更忠實的回憶當時的實在情形。因為既然意在湊趣，又不是有人來逼口供，自然沒有「實情虛報」的必要。

交待一畢，且看下文。

上文提到那位把我寄到出版社的信拿給蘇青的常州人中學教員，此時為行文便利，姑稱之為常先生。這位常先生精於子平，而蘇青極信八字。她凡有疑惑不決之事，無不求教於常先生，常先生即按八字推算，為之解答。因此，常先生就成為蘇青的隨從顧問。

我既涉嫌來歷不明，她便拿我的八字去給常先生推算。常先生對於我的評語，大致是：人還忠實，為官為商都無不可，但都沒有大出息。後來，她把我說的每一句話都拿去問常先生。蘇青生於甲寅，我則生於戊申，按理寅申一沖，不能好和。不知怎的，常先生卻硬說可以婚配。為了這一句話，兩個人從剛認識，就發生結婚與否的問題，這真是極奇怪的發展。事隔十年，我至今想起來，還覺得突兀。

勝利後，時局變化，人又已過三十，蘇青確有擇人而嫁的念頭。她最怕人家說她嫁不到人，那樣估計她，她認為是最大的恥辱。便偏要爭這口氣，非再正式結一次婚不可。但她的歷史，她的個性和她的環境，都使她不易達成此一願望。當她理智清醒的時候，她也明白這一情形，可是她常常在感情激動之中，不斷向這一方向追求。他誤會我看不起那位常先生，常用激將法說：「他是常州的大地主，我嫁給他做個地主太太，也滿幸福的。」

但我總想到她所特有的那種複雜的人事關係。她與離婚的丈夫仍舊對樓而居，孩子們卻都跟著她。要是結婚，這便是現成的冷飯和現成的油瓶。這個家庭將會幸福到怎樣的程度，也就可想而知了。

常先生的子平，真也「神機莫測」，無怪蘇青那般傾倒。有幾回我在蘇青寓所坐到深夜，覺得她一直穿著高跟鞋，便問她為什麼不換便鞋休息。她回答說：因為我喜歡高個。問她怎知我喜歡高個？她卻說是常先生從我的八字中推知的。彼時，蘇青微胖，卻不到過甚的程度，她則每以為憾。我慰之曰：女人是微胖一點的好，楊貴妃、薛寶釵都是微胖的。她便指責我在作違心之論，因為我實在是喜歡瘦的。問她何以知我喜瘦而厭肥？卻又是常先生推知的。

常先生的子平，既然如此這般的可以推算任何一件事情，對我真是有其利亦有其弊。他使蘇青漸漸不相信自己的努力和自己的判斷；他又使她漸漸墮入迷團而不能自救，以後就丟掉許多可以取得的好機會，而招進許多可以避免的惡遇。這是非常可惜的。

實則我對女人的美，以為胖瘦高矮都不是美的標準。胖如果胖得好看，則胖有胖美；瘦要是瘦得有樣子，則瘦不為醜。時下眼光，以高為美，但有人高得怪模怪樣，不受看。矮，有真彀得上嬌小玲瓏者，反更具吸引力。所以未可一概而論。這是我的良心話，而蘇青不信，蓋常先生之推命陷之深矣。

誠如潘女士所說：蘇青並不美，但有個福相，是一個家庭主婦的樣子。因為缺少運動，多數婦人一到中年便嫌肉多，固不僅蘇青一人為然也。

蘇青有個弟弟在漢口某中學當英文教員。寒假中，他回寧波省親，路過上海，住在蘇青的寓所。蘇青約定我在一個晚上的八點鐘去和他見面，我答應了。可是臨時有耽擱，等到八點半鐘，我才趕到；而在我脫班的這半點鐘之內，弟弟對姊姊奚落起來了。意思說：「你看，你的朋友沒有信用吧，他沒有來吧？我知道，你是交不到什麼好朋友的！」

同時，他們也談到我的籍貫問題。我在北方長到十多歲，然後到上海，去廣州，而原籍實是湖北。普通問詢，我總答應是北方人。說真的，則是湖北。我自始對蘇青忠實，曾把這情形詳細告訴她。她的弟弟來自漢口，可能對湖北人印象欠佳。這時便說：「天上九頭鳥，人間湖北佬。你的朋友定然不是一個好人！」總之，他在勸姊姊不要太相信我。

蘇青的弟弟是一個極文雅的人，看起來倒比姊姊還要細膩得多。但他對姊姊的影響力，顯然沒有常先生那般大。因為雖是他表反對，姊姊仍舊和他所反對的這個人試行同居了。

那時接收潮已過去，找房子很不容易。我向留住在虹口的一個日本商人暫借了一樓一底一所弄堂房子，便搬在一起住了。那日本人還有一爿西服店，勝利後，經他移花接木，店東換了中國人。他住家另有房子，我所借的房子便在他的住家隔壁，原住的日本人已經回國，房子在空著。

一個下午，蘇青帶著簡單的行李，一個人乘出租汽車來到。我在弄堂口等她。

樓下空著不用，我們住在樓上。樓上是全新塌塌米，靠窗一邊有一張雙人床，對面是梳妝台。近樓梯口，放一套沙發，有個小圓桌。

灶間裡有煤氣，我們祇用它來燒開水，偶然也煮一點咖啡。因為我們自己不燒飯，卻在附近北四川路一家廣東菜館喫飯。我每飯必用一點酒。蘇青不飲酒，但也不反對別人飲酒。我飲酒，她自坐在一邊陪著說話。她時常提到陶亢德，讚美他風度好。陶亢德喜歡一邊飲著酒，一邊聊天，她則喜歡陪他。因為她過份稱讚陶亢德，我有時感到不快。

一天，在走向飯館的人行道上，她祇顧說話，被裝得太低的撐遮陽布蓬的橫棍碰了一下頭。以後她頗怪我，因為當時我沒立刻給她撫慰。

我雖然承認我的疏忽，但我是有著一種「打掉牙齒和血吞」的堅忍精神的。我有時喫了很大的虧，表面上卻若無其事，別人看不出來。人多幸災樂禍，尤其在馬路上或是什麼公眾場所，你偶然遇到一點什麼倒楣的事，立刻就會圍起一大群人，報以快意的陣笑，保沒有一個人會同情你。聲張自己的痛苦，徒然暴露自己的弱點而已，別無好處。在街上碰了頭，最好咬著牙忍痛趕快走開，如果你當時一叫痛，你便立刻成了西洋景，每個過路的人都會圍上來，把你當笑話看。對於《結婚十年》，不也有人認為是爛污女人的爛污作品嗎？正是這個道理。

晚上，她睡在牀上，我則睡在牀面前的塌塌米上。

隔壁的日本人，抱著留聲機和許多唱片送到我們這邊來。他正襟危坐，老僧入定般一張一張唱給我們聽。那局面也頗奇特。蘇青注視那日本人，他恐怕我不喜歡他。便說：「不管他們從前怎樣，現在他們失敗，他們內心痛苦，我們應當同情他們。」這句話，使我很受感動。可能因為她具有這般的偉大精神和豐富的情感，所以她才能寫文章，她的文章才能動人，這當不是偶然的。

對著那寂寞的日本人，我想到戰爭的可怕，心裡浮上一陣輕哀。坐久了，他鞠躬緩緩而退，真像一個孤魂一樣。這時，我真的同情他了。

離婚丈夫的弟弟特地來看我，彼此說些客氣話。這位李先生活潑健談。機警清秀，一望而知為青年有為。如果哥哥弟弟也有些相似的話，則蘇青的離婚，不能不算失著。

李先生辭出的時候，我送到樓梯口。蘇青則送到後門外，兩人在後門口立談頗久。我靠在沙發上看一本畫報等她。一時她上來，我順口問她怎的談這許久？她笑笑說：「他怪我荒唐。怎的和一個不認不識的男人，跑到這裡來同居了。那怎麼靠得住！」我道：「那是他關心你，你能聽他更好。」她道：「正相反，我現在願意聽你呢。」

有幾個生意人，為了一條小輪船的事，跑來找我，我們商談很久。他們走後，蘇青很覺滿意，她奇怪我如何會有如許商業常識。第二天，他們請我在會樂里喫飯，我辭了，卻陪她去廣東菜館裡小酌，她顯然精神上有一種勝利的愉快。

端午節的前一晚上，我告訴她，明天必須坐早車到無錫去，「如果那時你在睡，我不叫醒你了。」她同意了。次晨，我輕輕起身，開後門而去。火車上打開當天的報紙一看，陳公博槍斃了，有個屍體照片印在報紙上。

兩天後，我回來，樓上看看，沒有人。梳妝台上卻留著一盆用過的洗臉水，毛巾半乾，有擦上的口紅。我推斷她走得很匆忙，便打電話到她的斜橋弄寓所。過了一回，她坐三輪車來了。她很不高興，連說：「那天早上你怎不叫醒我？你怎不在家陪我過節？」我說：「頭一天晚上，我不是同你講明的嗎？」她便改口說：「那天看了那報，真把我嚇死了。」說著，一似餘悸猶在。

她鎮定下來，才說到在某銀行的保險櫃裡，還藏著陳公博給她寫的三十多封信。以陳公博之尊之忙，親筆函達三十餘件之多，她認為那很值得珍惜，打算留起來永為紀念。這時，她卻又深恐因此賈禍，問我要不要取出來燒掉。對於這種事，我不便提出建議。最後，她自行決策，把它們燬掉了。

讀《結婚十年》，我總覺得兩個人並無非離婚不可的真正理由。每一雙夫婦，都有他們的缺陷，家家都有一本難念的經。所謂白頭偕老，原是由許多年相忍相讓累積而獲得的一粒苦果。後來，我才知道，那離婚含有多少的政治性，原是陳公博慫恿促成的。蘇青對此，坦白承認，並不隱諱。

她追隨公博，最先擬議中的名義是「隨從秘書」，這要跟他經常往來於京滬之間。有善意的第三者警告她謹防莫國康的毒手，她才改變主意，另就上海市府的專員。陳公博送給她的是一本復興銀行的支票簿，每張都已簽字蓋章，祇等她填上數字，便可以支現。

陳公博接見她，常在國際飯店某樓的一個房間裡。

十三層樓的房子殆屬於周化人。勝利之始，周化人留一張條子在房裡，一去渺然。他究竟到那裡去了，至今仍為一謎。彼時的小報上，有說他逃入台灣深山的，當然是無稽之談。蘇青和周化人的關係，有甚於公博。他曾為蘇青的離婚丈夫安排過工作，他們的離婚自始便這麼藕斷絲連。

蘇青常常掛在口上的人物，陶亢德之外，便是周化人了。他常帶著保鑣請她到外面去喫飯。周化人患有某種隱疾，唯蘇青能滿足他的需求。

提起莫國康，我想起舊事來了。民十五，我在廣州便認識莫國康，那時何香凝長中央婦女部，莫在該部充一名助理幹部。黑黑矮矮，完全是一個黃毛丫頭。後不幾年，敵偽時期，她竟紅極一時。女大十八變，真是想不到的事。勝利以後，聞她曾被判徒刑，想亦不勝其白雲蒼狗、榮辱無常之感罷！

以後，因我常住無錫，虹口的房子被收去了。我有時坐晚車趕到上海，在斜橋弄她的寓所住宿半宵，天不亮再乘第一班早車回去。每次我事先都用長途電話通知她，她便把孩子們安置在地板上睡覺。深夜間，我走進去，橫七豎八，孩子們睡得一地，昏暗的燈光下，她正靠在軟椅上等我。當其時，我覺得極為親切，有一種貧賤之交、患難與共的光景。

她有時也為我準備下夜點，但我因為怕太麻煩她，從沒有領受過她的。我總是在火車站上喫過東西，然後才到她家去。

有一時期，她表示願意到無錫住一住，我便為她準備了房子。在一個大戶人家的花園裡，三間敞廳，整套紅木家具，環境清幽，極合都市喧囂之人短期休息之用。她願意來，我盼望她來，可是她終於沒有來。

人在錯綜複雜的人事關係和爭名奪利的現實環境中住得久了，往往容易看不到自己。西人習慣，每年有一次兩次的旅行休假，那是極有意義的。蘇青不情願停留在她那個舊的環境中，卻又不能一刀兩斷，擺脫淨盡，正是她喫虧的地方。那時她如能到無錫小住，觀感會為之一變，亦未可知也。

對於詩，我是外行。我雖有時讀詩，而從不寫詩。偶然興之所至，謅上兩首，自己看看，過後忘掉完事。初識蘇青的時候，卻贈過她這樣一首：

落盡梅花斷雁遲，孤燈背坐雨絲絲。

三千綺夢春常在，十二宮牆事未知。
世故登龍應有術，文章憎命豈無悲。
且將貝葉傳心葉，不種夭桃種荔枝。

後來被收入《續結婚十年》中，「兩」字印成「雨」字，頗與我的原意有距離。甲申春，姬人韓氏逝，我曾寫悼詩四首。虹口居常無事，我寫出來給蘇青看看。她把第一首拿去了，也印在《續結婚十年》中，算作我贈她的第二首，實在不倫不類。那首詩是這樣的：

遠山近水柳含煙，春老鶯啼落榆錢。
萬里長風歸牖下，二分明月照窗前。
鬢粧銀鳳飛還在，步作金蓮去未殘。
夢裡花枝多綽約，小姑居處有誰憐。

「二分明月」與「小姑居處」都不對蘇青的身份。

蘇青為文，私淑周作人，我最早的推斷是不錯的。初來虹口之日，她穿一件黑旗袍，白高跟鞋，打扮得像個寡婦。我問她何所取意。她說：她極推崇周作人，勝利前，曾計劃到北平去看他，特做一件黑旗袍做禮服，以示敬意。不想衣服做了，還未成行，而勝利倏至，用不著了。現在，每當較為鄭重的場合，她便喜歡穿起這件衣服來。

她文章的確寫得好，詩則與我同樣不內行。但這並不妨事，因為十八般武藝，祇要能精其一二，也就彀瞧的了。

以後我去鎮江，我們才漸漸疏遠了。人到中年，權利害、重現實，不大容易再有戀愛至上一類的一往深情；我知道我如果真的和她結婚，將不是一對幸福的夫婦。她閱人既多，有著各方面的要求，任何人都不能予以滿足，這種人永遠是痛苦的。已近不惑之年，大半輩子過去了，如果我能為自己的事業稍創根基，那實在是更重要的事。我曾用一封簡單的信把這意思坦白告訴她，希望她諒解。我的意思，這絕對不是絕交。而她卻沒有回信給我。

接著她便與人在西門路同居，這便是潘女士所說的那位電力公司的工程師了。不過這事情發生在「解放」以前，而非在「解放」以後。聽說那人也為她準備一所小樓，並為她買鋼琴，請人教她彈。但不知怎的，兩個人最後還是分開。

民三十七年春間，我由鎮江返滬，住在成都路，相距咫尺，我們又見過幾回面，真的變成普通朋友了。她也不再提起那推命的常先生，可能她已離開此道。

這一年冬天，我移居來台，彷彿聽說她到了香港。最近看到潘女士的報導，才知道她並沒有出來。如果我們相信命運，則蘇青這個命實在也彀苦的。就個人幸福而言，比較潘柳黛和張愛玲，她真不如遠甚。這恰合了一句古話：「雖曰天命，豈非人事哉！」

如今，算算她的最小女兒，都也快二十歲了。回想過去種種，當亦不勝其淒涼寂寞之感罷！

書癡兼情癡的史學天才張蔭麟

張蔭麟這個名字對我而言宛如「神話」一般，僅以一本未完成的《中國史綱》（其實只有上半部）居然暴得如此大名，而對於現代的年輕人而言，他卻是被「遺忘」的人，不僅是現在，即使早在抗戰勝利之時，他就被「遺忘」了，我們看他的好友也是歷史家吳晗就這麼說：「去年我得到消息，蔭麟離婚的夫人又結婚了，兩個孩子也帶過去撫養。浙大復原回杭州了，蔭麟的孤墳在遵義的郊外，冷落於荒煙蔓草中。聯大復員回平津了，蔭麟生前所篤愛的藏書，仍然堆積在北平東莞會館。這個人似乎是被遺忘了。」是的，張蔭麟有如一顆流星，在歷史的天際劃過，倏起倏滅，以三十七歲之齡結束了短暫而耀眼的一生。

張蔭麟（一九〇五～一九四二），自號素癡，廣東省東莞縣人，幼年事蹟很少有資料可稽，據他的學生李埏說他的母親很早就過世了，父親張茂如是慈父又兼嚴師，從他開蒙受書便要他把「五經」、「四書」、「三傳」、「史漢」、「通鑑」、「諸子書」、「古文辭」一一熟讀成誦。十六七歲辭家赴北京進入清華學堂時，他的舊學根底已經非常紮實了。十九歲時即在《學衡》雜誌發表〈老子生後孔子百餘年之說質疑〉，此文邏輯嚴謹、例證審慎，編者竟然誤認為是出自國學教授之手。該文對梁啟超考證《老子》認定其在《孟子》之後的六條證據，逐一進行批駁。梁啟超讀後不以為忤，反而給予揄揚。後來梁啟超在中國文化史的演講班上，拿著一封信，向台下聽眾詢問：「張蔭麟是哪一位？」，此時一位身材清瘦、容貌稚嫩的男生從座位上站起來，向老師致意。原來，梁啟超上次講《中國近三百年學術史》有一些內容講得不夠清晰嚴密，於是張蔭麟寫了一封信向他請教，梁啟超於是在講台上非常認真地解答了張蔭麟提問的問題。張蔭麟的友人後來回憶，任公剛得到這封信的時候，欣喜不已，曾向旁人誇獎：「此天才也」。

雖然對梁啟超多次的質疑，但事實上，梁啟超正是張蔭麟當時最敬重的一位師長。張蔭麟的個性不願攀附，因此也一直沒有去拜訪梁啟超。據好友賀麟的回憶，直到入學第四年，張蔭麟才和他第一次去拜謁梁啟超。梁先生當面稱讚張「有作學者的資格」。「此後兩三年中，他卻從未再去謁見過梁任公。他很想請梁任公寫字作紀念，也終於沒有去請。所以當時許多清華同學，都得著有梁任公手書的對聯或條幅，而他竟未得隻字……及至民國十八年，梁任公逝世，全國報章雜誌，紀念追悼他的文章，寂然無聞。獨有蔭麟由美國寫了一篇〈近代中國學術史上之梁任公先生〉寄給天津《大公報》文學副刊發表（案：刊於一九二九年二月十一日）。這文恐怕至今仍是最能表彰梁任公的史學的文章，也最足以表現他與梁任公在學術史上的關係。」

張蔭麟在《學衡》上也發表〈評近人對於中國古史之討論〉，指出顧頡剛得出的結論來自「默證」，而這種證明只適用於一定的範圍。張蔭麟認為，顧頡剛在論述中過度運用了「默證」，超出它適用的範圍，因而得出的結論是不可靠的。這篇文章同樣也給學界帶來了震撼，顧頡剛對來自張蔭麟的質疑感到心悅誠服，並沒有再反駁，後來還將這篇文章收入了自己主編的《古史辯》第二期。張蔭麟認為：「信口疑古，天下事有易於此者耶？」如果不廣求證據就擅自下結論，立下臆想的論說，這樣和以前那些喜歡寫翻案文章的策論家有什麼不同呢？一位初出茅廬的學生，一再撰文批評前輩學者，他如此做並非想通過「酷評」來引人注目，只是他有看到錯誤一定要「糾正」的「潔癖」，使得他只管學術的硬規矩，管不得學界的「潛規則」，當時被他批評過的還有馮友蘭、胡適、楊鴻烈、衛聚賢等人。

在清華就讀期間，張蔭麟就十分沉迷學術，幾乎天天在圖書館埋頭苦讀。張蔭麟的勤學也可以從他在《清華學報》所寫的〈撰著提要〉窺見一般，〈撰著提要〉是從清華圖書館的中外雜誌中選取各學科較有價值之論文，由校內同學摘錄精華以供閱讀，根據學者張妙娟的統計從第一卷第一期到第三卷二期張蔭麟共撰寫了六十三篇，佔總數的六十四％（而撰寫次多的作者不過寫了九篇），涉獵的內容則以史學最多。對他來說，學習的道路沒有盡頭，張蔭麟曾在《清華學報》、《燕京學報》、《東方雜誌》、《文史雜誌》、《國聞周刊》、《大公報》上發表論文和學術短文四十多篇，清華許多導師都沒有突破他的成就。這也使得他的名字和錢鍾書、吳晗、夏鼐連在一起，贏得「清華四才子」的美譽。

而就在一九二六年張蔭麟的父親去世了，原本已「家道中落」的他，還要負擔弟妹的生活費和學費，靠寫文章掙稿費已成杯水車薪，因此他必需要找家教來貼補家用。而此時北京大學文學系教授，也是著名的藏書家倫明（一八七五～一九四四，廣東東莞人，前清舉人，在北大、師大、燕京、輔仁都當過教授，愛穿破舊衣服到書鋪尋覓秘籍，人稱「破倫」。）正在為他的八女倫慧珠物色一位國文教授，後來兩位同為東莞人「一拍即合」，有人說嗜書如命的張蔭麟應該是看上了倫明家的藏書，但實際上是梁啟超向倫明推薦的。在北京上斜街東莞新館（曾為清康雍年間大將軍年羹堯的故宅，清末廣東陳氏家族陳伯陶購得此官宅，改建為東莞會館，被稱為東莞新館，因為最早的東莞會館在宣武門外的爛縵胡同）張蔭麟與倫慧珠初次見面，這位性格內斂、安靜而病弱的女學生打動了張蔭麟，但當張蔭麟對倫慧珠表達愛意後，倫慧珠卻陷入長久的猶豫與糾結中，也許在倫慧珠的心裡，仰慕是一回事，戀愛是另外一回事。面對倫慧珠的冷若冰霜，張蔭麟開始給倫慧珠寫信，將款款情誼瀉於筆端。但倫慧珠為示謙虛，總是隨意地將信放到一面，他幾日後再看，那信仍原封未動。他為此痛苦萬分，此時張蔭麟的好友，燕京大學教授容庚（也是廣東東莞人，一九二六年畢業於北京大學研究所國學門，先後任教於北京大學、燕京大學，曾主編《燕京學報》。張蔭麟因投稿而與長他十一歲的金石家一見如故並引為知己）勸他趕緊放下兒女私情，努力做好學問，成就一番事業，面對好友的勸說，張蔭麟終於知道自己不能再沉浸在兒女情長的痛苦中，畢竟他有自己的責任與奮鬥的方向。

一九二九年夏，張蔭麟由清華大學畢業，考取公費的美國史丹福大學（Stanford University），先學習西洋哲學，後改習社會學，他要「從哲學冀得超放之博觀與方法之自覺，從社會學冀明人事之理法。」並立志以史學為終身職業。他全心投入到學問中，對於愛情暫時放在一邊，他曾寫信感謝容庚的相勸，他說：「去國前蒙兄揭露真相，醒弟迷夢，於弟於珠都是有益。復何所悔恨？珠不知如何？若弟之苦痛，遲早終不免，愈遲則痛愈深，而振拔愈難，今若此已是萬幸。近來反思靜念，縈繫漸除，乃知兩年來之苦痛皆由太與社會隔絕，不知處世對人之道，使當初遇珠即存一臨深履薄之戒，何致失望？」而造化弄人，此時一封意外的信札卻漂洋過海來到張蔭麟的身邊，信中的那句：「一別數日，甚是想念……」直接表達了倫慧珠對張蔭麟的愛意。此時張蔭麟曾經凍僵的心再度復蘇，隔著太平洋，兩人開始鴻雁傳書，彼此傾訴衷腸。為了愛情，張蔭麟甚至放棄即將到手的博士學位而提前於一九三三年返國，對此做為知己的賀麟表示，「張蔭麟生平精力所集中，心神所寄託，除了學術研究之外，就是純真愛情，『天真純潔，出於至情至性，犧牲一切，在所不惜』。」張氏回國後，受聘清華大學專任講師，在歷史與哲學兩系開課，並在北大兼授一門歷史哲學。當時清華歷史系由蔣廷黻主持，名家雲集，計有雷海宗、陳寅恪、姚從吾、邵循正、吳晗、蕭一山等人，張蔭麟似因此未有機會開授任何專史，只擔任普通歷史課程。而他與倫慧珠也結束了六年的愛情長跑，一九三五年四月兩人在北平結婚，婚後育有一兒一女，生活甜蜜而幸福。

然而好景不長，一九三七年，抗戰軍興，張蔭麟應浙江大學之聘，於天目山禪源寺講學。倫慧珠則攜一雙年幼的兒女回東莞老家。後因浙大播遷，張蔭麟曾到過長沙。一九三八年夏，他抵昆明，開始在西南聯大任教。這段時光裡，兩人仍靠信件來往，但就在此時，一個女子忽然闖入張蔭麟的生活，她便是容庚的女兒容琬。時光倒回到一九三三年年底張蔭麟剛返國寄住在北平容庚家，一九三四年元旦他邀請倫慧珠一同去逛廠甸，容琬也要求同行，當時熱戀中的兩人都把容琬當成一個不諳世事稚氣未消的女孩，不久容琬考上北京大學中文系，和張充和、曹美英成為北大中文系僅有的三個女孩，抗戰軍興北大南遷，當容琬以西南聯大學生身份出現在張蔭麟的眼前時，她青春活潑，有如怒放的山茶花般地燦爛，她開朗恣意，頗具男兒風采，與倫慧珠委婉內斂的性格截然相悖。他們常在一塊探求學術、修改文稿，默契齊備，漸漸地容琬這抹亮色燃燒了張蔭麟心底岑寂已久的火焰。面對自己女兒喜歡張蔭麟這事，容庚是極力反對的。他不但疏遠張蔭麟並不再《燕京學報》上發表張蔭麟文章的方式來表明一個父親的態度。

雖然何兆武的文章說：「戰時在昆明，頗傳說張蔭麟先生鍾情於容琬女士。曹美英（當時不是我妻——何兆武注）有一次問她，有沒有這回事，容琬女士回答說：『哪有這回事！都是張蔭麟犯神經。他那麼大歲數了——又有老婆孩子（張先生已有二子），怎麼可能有這種事？』不過張先生這方面卻為此事而傾心動魂。」這極有可能是容琬在飽受內心的壓力後的話語，並不能當真。因為從賀麟的回憶文章來看，張蔭麟絕非犯神經的單戀。這段感情對張蔭麟是一種痛苦和煎熬，在巨大的道德壓力面前，張蔭麟退縮了。他給倫慧珠寫信，讓她帶兒女來團圓，試圖以此來釜底抽薪徹底斬斷這情絲。但是事實並非如所願，戰時的大後方，物資匱乏，生活上的事必須事必躬親，倫慧珠本是大家閨秀不擅長做家務，也不懂理財，而忙於工作的張蔭麟一看她做不好這些事，便總是指責她。夫妻經常因瑣事爭吵，「有時吵得很厲害，須要樓上的馮芝生（馮友蘭）太太出來調解。」此時張蔭麟愈發地懷念與容琬曾經共話文學的時光。終於，他們四年的婚姻畫上了休止符，一九三九年兩人離婚了。

離婚後的張蔭麟再次找到容琬，他原本以為容琬會接受他的愛情，沒想到容琬卻告訴他自己已有未婚夫。原來張蔭麟在選擇回歸家庭後，容琬也及時地止住了自己的感情，選擇了奔赴北平和表兄在一起。妻子、愛人，轉瞬間已形同陌路，張蔭麟的心情受到了沉重的打擊，尤其人言可畏，他只得離開西南聯大，轉赴遵義，任教於浙江大學。貴州的遵義崇山峻嶺，雖可阻隔敵人的戰火，但窮鄉僻壤卻讓疾病與死亡距離如此之近，張蔭麟早年便患了慢性腎炎，在鬱悶的心情下，他的身體每況日下。在生命的倒數時刻，他愈發想念妻子倫慧珠，他給她寫了很多信，但卻從未寄出，而是獨自焚燬。一九四二年，張蔭麟在病痛熬煎中離世，臨終前，他一遍又一遍地吟哦《莊子》的〈秋水〉，卻畢竟未能對倫慧珠道出悔恨。

據最後在身旁照顧張蔭麟的管佩韋說在張蔭麟去世後，他們馬上拍電報給東莞的倫慧珠老師，倫老師來信說：「如果及早告知，即使相隔千里，我也看在曾經相愛過些時的夫妻份上，一定會親自到遵義來陪伴、看護張先生，現在懊悔也已經來不及了。」管佩韋又說在張蔭麟遺留的皮箱裡，發現一份協議離婚書，用一張紅線條的八行信箋寫的，雙方親筆簽名。×年×月×日。又有一張黑白雙人合照是他們的一雙兒女，各約八歲左右，面目非常清秀，多麼令人喜愛。倫慧珠在悼文中如此寫道：「無論如何，在他的生前，我曾經愛過他，恨過他。愛雖一度消滅，但因他的一死，恨也隨之而逝。到現在我依然愛他……我們把有限和寶貴的韶光辜負了，他憎恨著我，我仇視著他，以為還有個無限的未來給我們鬧氣呢，結果彼此抱憾終身！」

張蔭麟是近百年來罕見的史學奇才，也是中國「新史學」發展史上一顆耀目的明星。香港中文大學許冠三教授說：「二十世紀中國新史學的開山大匠是兩個廣東人，一為新會梁啟超，一為東莞張蔭麟。」吳宓也認為張蔭麟是「梁任公第二」。張蔭麟的治史範圍廣及上古史、宋史、近代史、科技史、學術思想史、史學方法論。而張妙娟也指出《中國史綱》的出版具體表達了他對撰寫通史的理念，特別是自序長達五千六百餘言，提出了筆削的五大標準：新異性、實效性、文化價值、訓誨功用，以及現狀淵源的標準，也說明史家貫穿複雜史實的四大範疇：因果、定向發展、演化發展、與矛盾發展的範疇。另外，他的〈論史實之選擇與綜合〉更是他從事歷史編纂工作時經驗總結，後人認為這是「他晚年最精湛的理論著作，也是精研史學原理一生的心血結晶。」

張蔭麟去世，陳寅恪寫下〈輓張蔭麟二首〉，其一為：「世變早知原爾爾，國危安用較區區。聞君絕筆猶關此，懷古傷今並一吁。」當年張蔭麟留學返國途中，陳寅恪就曾致函中央研究院史語所所長傅斯年向其推薦，他說：「張君為清華近年學生品學俱佳者中之第一人，弟嘗謂庚子賠款之成績，或即在此一人之身也。」這「一人」便是張蔭麟。他曾形容張蔭麟「流輩論才未或先，著書何止牘三千」。而作為同窗好友的錢鍾書亦深感悲痛，他感言：「失聲驚子死，天翻大地覆」，可見錢鍾書的惋惜之情，沉痛而深重。「國學大師」錢穆甚至認為張蔭麟是發展中國史學的後繼之人。但這位自稱「素癡」的「書癡」與「情癡」的天才卻齎志而歿，真是「才如江海命如絲」，令人不勝唏噓！

為此我從他留下百萬餘言的單篇史學論文，精選其中的十五萬字編成《張蔭麟說文史》一書出版，全書分為四大部分：一是「歷史通論」文章有〈中國民族前途的兩大障礙物〉、〈說民族自虐狂〉、〈哲學與政治〉、〈從政治形態看世界前途〉、〈論中西文化的差異〉、〈論歷史學之過去與未來〉、〈論傳統歷史哲學〉；二是「文史考證」文章有〈老子生後孔子百餘年之說質疑〉、〈紀元後兩世紀間我國第一位大科學家——張衡〉、〈秦婦吟之考證與校釋〉、〈明清之際西學輸入中國考略〉、〈龔自珍漢朝儒生行本事考〉；三是「評論名家」文章有〈評胡適《白話文學史》上卷〉、〈評馮友蘭《中國哲學史》上卷〉、〈評馮友蘭《中國哲學史》下卷〉、〈梁漱溟先生的鄉治論〉；四是「史料譯文」文章有泰萊（W. F. Tyler）原著，由張蔭麟翻譯的〈甲午中日海戰見聞記〉及小泉八雲原著，由張蔭麟翻譯的〈甲午戰後在日見聞記〉兩篇文章。也讓世人不再「遺忘」這位短命的史學天才！

最後抄錄吳晗〈記張蔭麟〉一文的片段，可以看到張蔭麟鮮活的身影！文中寫道：「湊巧我們在圖書館的研究室只隔一層牆，他懶散慣了，書桌永遠亂糟糟一大堆，便成天到我房裡，又不肯規規矩矩，一屁股坐在桌上，或者斜靠著書牆，兩隻腳平放在桌上，一面大抽其紙煙，隨吸隨吐煙圈，噴得滿屋子烏煙瘴氣，一面敞開談鋒，從大事到小事，從死人到活人，從生人到朋友，從哲學到歷史，無所不談，談必談到興盡，有時甚至忘了吃飯。偶爾我厭倦了，他覺得無聊，拿起筆就替我改文章，一把小剪子，一瓶漿糊，貼來貼去不厭煩，搞完就拿去給《大公報》〈史地周刊〉，憑你願意也罷，不願意也罷，他全不管。有時被改審得生氣，吵開了，還是不管。我常笑他好為人師，他笑著說你假如選我的課，我還不是夫子大人，由得你吵嘴？」

又有一段說：「也許是哲學書念得太多吧，喜歡深思，在大庭廣眾中，一有意會，就像和尚入定似的，和他談話，往往所答非所問，不得要領，生性又孤僻，極怕人世應酬，舊同學老朋友碰頭也會不招呼，肚子裡不願意，嘴上就說出來，有時還寫出來，得罪人不管，挨罵還是不管。讀書入了迷，半夜天亮全不在乎，有幾次我去看他，在沙發上把他搖醒，原來上一夜全沒睡，不知讀到什麼時候，一迷糊就睡在沙發上了。」

張蔭麟長吳晗四歲，他們是師生關係，可又相處得誼兼師長，親同手足。這兩段話生動地勾勒出張蔭麟的性格特徵，也可以看出他做學問的「專心一志，心不外騖」，這也是他年紀輕輕就能獲得如此高的成就的主要原因吧！

半生情誼——吳景超・龔業雅・梁實秋

吳景超和聞一多、羅隆基並稱為「清華三才子」，他當年是胡適最為看重的年輕人之一，他被稱為「中國都市社會學第一人」，但和同代人的久負盛名相比，他卻早已淡出人們的記憶了，儘管他是漸被歷史塵封，但卻不應該被遺忘的人。我在十幾年前曾讀過學者謝泳的《清華三才子：聞一多・羅隆基・吳景超》一書，當時我最感興趣的是前兩人，因為吳景超所涉及的是社會學，並不在我研究的範圍之內。二〇二一年五月政大教授劉季倫老師告訴我吳景超的《劫後災黎》是應當重新出版，他認為該書是記抗戰勝利後中國的慘狀災情很重要的書籍。於是我從圖書館找到這本一九四七年在上海商務印書館出版的書仔細拜讀。一九四六年吳景超出任中國善後救濟總署顧問，同年五月至八月間，他應善後救濟總署之邀，從重慶出發，到貴州、廣西、湖南、廣東、江西五省考察抗戰後的災情及各區善後救濟分署的救災工作。他記錄了旅途中的見聞，全書採日記形式寫成，真實感很強。後來他又寫了〈看災來歸〉一文發表於一九四六年九月二十日的《大公報》，可視作這本日記的整體概述，因此我把它放在日記的前面權充做一篇導言。

對於吳景超的成就，我實在無能為力去寫篇導讀，因為在這之前，他的著作我沒讀過一本，更遑論它是屬於社會學的領域。於是只好向老友謝泳求助，從他的大著中摘錄成〈吳景超的學術及人生道路〉一文做為導讀，蒙他應允，十分感謝。而書後我也補充了三篇附錄，分別是《清華暑期週刊》第七、八期由佚名寫的〈吳景超〉和第十期吳景超自己寫的〈回憶清華的學生生活〉兩文，可做他生平的補充；而他在《新經濟半月刊》第二期發表的〈抗戰與人民生活〉則是由《劫後災黎》這本考察日記所延伸的論述文章，和本書有直接的關連性，故也加以收錄。

吳景超著述的學術價值長期被忽視，是無可否認的事實。吳景超興趣廣泛，涉及社會學的多個領域，其著作大致如下：（1）《都市社會學》；（2）《社會的生物基礎》；（3）《社會組織》；（4）《第四種國家的出路》；（5）《中國工業化的途徑》；（6）《中國經濟建設之路》；（7）《戰時經濟鱗爪》；（8）《劫後災黎》；（9）《有計劃按比例的發展國民經濟》；（10）《蘇聯工業化時期的計畫收購和計畫供應》；（11）《唐人街：同化與共生》。這些書籍幾乎是早年的版本，圖書館也不一定有收藏。我並沒有特別去尋找，因為在這之前我看過好友陳正茂教授蒐集的全套《新路》周刊（由我策劃整套三十期精裝合訂復刻出版，秀威二〇一〇年版）裡面有不少吳景超的精彩文章，這些文章後來並沒有集結成書。一九四八年一月二十四日，吳景超去拜訪胡適，說要辦一個刊物，由錢昌照出錢，吳半農主編，劉大中負責經濟，錢端升負責政治，蕭乾負責文藝，而他自己則負責社會，此刊物就是《新路》周刊。它於一九四八年五月十五日創刊於北平，但在同年十二月十八日就停刊，共出刊二卷六期（計三十期）。《新路》是「中國社會經濟研究會」的機關刊物，作者群陣容堅強，網羅不少華北學術界領袖，如吳景超、潘光旦、劉大中、蔣碩傑、樓邦彥、邵循正、邢慕寰、周炳琳、蕭乾、汪曾祺、楊振聲等碩學鴻儒。除了《新路》周刊外，我利用中研院的「民國期刊全文數據庫」（上海圖書館製作）去尋找，在上百篇的文章中找出二十篇重要而具代表性的文章，它們分別發表於《獨立評論》、《獨立時論》、《新經濟》、《新路》周刊等，而編成《吳景超的社會觀察》一書。我兩度到中研院去蒐集這些文章，最後一次去的時間記得是二〇二一年五月七日，而吳景超恰恰在一九六八年五月七日去世的，冥冥之中，似有因緣。而就在文稿蒐集完成後的一週後，新冠疫情爆發。緊接著中研院圖書館禁止院外人士進館，幸好文稿已經蒐集完成，否則將不知會延宕到何時。

吳景超的著作，是中國都市社會學的發軔；他提出的「區域經濟」、中國工業現代化的理論，他對中國社會階級的理解，對於中國農村土地、租佃及人口問題的判斷與解釋，影響至今。尤其在《新路》周刊中有多篇文章是吳景超寫完之後，先發給劉大中、蔣碩傑這些經濟學者看過，然後每人再發表意見討論（討論內容亦刊登），最後吳景超就這些相同或相異的意見，做總答覆。「疑義相與析」，創下最佳的典範。一九四八年十月下旬，胡適曾向翁文灝、蔣介石推薦吳景超、蔣碩傑、劉大中。三人中，劉大中和蔣碩傑後來都來到台灣，在台灣的土地改革及稅制改革中發揮了很大作用，蔣碩傑還曾被提名角逐諾貝爾經濟學獎。

中國社科院學者呂文浩說：「在中國第一代社會學家裡，吳景超治學方法的特點是非常鮮明的，他善於而且勤於搜集當時世界各國尤其是工業化各國的社會統計資料，並以此為依據觀察當時中國社會的問題，提出一些前瞻性的論斷。正因為他的這一特點，他對當時中國社會問題的判斷，思想往往比較敏銳而新穎。」謝泳對吳景超評價很高，他說：「凡論述某一問題，視野都很開闊，他總是要把眼光放在全世界範圍來觀察，他引述的理論和數據都是當時最新的，他涉獵之廣泛，學術格局之宏闊，在同時代的學者當中，是不多見的。」

通觀吳景超所寫的文章，他其實給中國現代化之路提供了願景。而這些前瞻性論點至今依然適用於當今的社會。二〇二一年是吳景超誕辰一二〇週年，我們將以這兩本小書，來緬懷這第一代的社會學家，希望他不再被世人所遺忘！

梁實秋被稱為翻譯大家，《莎士比亞全集》花了三十年譯畢，讓他當之無愧。梁實秋又被稱為散文大師，《雅舍小品》堪稱他這方面的代表作。但許多人都認為「雅舍」是他的書齋名，其實是不對的，它甚至涉及梁實秋生命中非常重要的一位女性。那是抗戰時間，梁實秋隻身到了重慶，應教育部次長張道藩之邀，任中小學教科書組主任。此時《新月》好友劉英士主編《星期評論》，邀請梁實秋寫專欄，每期兩千字，名之曰「雅舍小品」，署名子佳。

梁實秋曾自述雅舍之由來：「抗戰期間，我在重慶。五四大轟炸那一年，我疏散到北碚鄉下。吳景超、龔業雅伉儷也一同疏散到北碚。景超是我清華同班同學，業雅是我妹妹亞紫北平女大同班同學，我和他們合資在北碚買了一幢房子，房子在路邊山坡上，沒有門牌，郵遞不便。有一天晚上景超提議給這幢房子題個名字，以資識別。我想了一下說，不妨利用業雅的名字名之為『雅舍』，第二天我們就找木材做了一個木牌，用木樁插在路邊，由我大書『雅舍』二字於其上，雅舍名緣來如此，並非如某些人之所誤會以為是自命風雅。」

吳景超長梁實秋兩歲。他們都是一九一五年，考入北京清華留美預備學校的，兩人是同班同學。在校期間，吳景超曾任《清華週刊》總編輯，梁實秋評價他：「好史遷，故大家稱之為太史公。」一九二三年八月十七日他們在上海搭乘「傑克遜總統號」赴美留學，據梁實秋先生回憶，一九二三級（癸亥級）畢業的這一級學生，入學時有九十多名，上船時還有六十多名。這一級是非常優秀的一屆，其中不少當年的才子才女，後來成為各界翹楚或抗日名將。在此次同船的留學名單中清華的就有顧毓琇、梁實秋、吳景超、吳文藻、孫立人、齊學啟、張忠紱、全增嘏、孫成璵（孫瑜）、吳卓等人。而船上還有燕京大學的，據冰心說，其中就有四名燕京大學畢業生，謝婉瑩（冰心）、許地山、陶玲（女）和李嗣綿。吳景超入明尼蘇達大學，獲學士學位。一九二五年至一九二八年，在芝加哥大學社會學系學習，先後獲得碩士、博士學位。梁實秋在科羅拉多學院學習，一九二四年夏畢業後前往哈佛大學，研究方向是西方文學和文學理論，獲哈佛大學英文系哲學博士學位。許地山入哥倫比亞大學研究哲學和宗教，李嗣綿入麻省理工學院。冰心經燕大美籍教師舉薦，入威爾斯利女子學院讀研究生，學習英國文學。

有關龔業雅的資料相當少，根據學者呂文浩說她出身於湖南湘潭的一個知書達理的仕紳之家。其父龔德霖曾於清末留學日本，歸國後在一九〇五年創辦了湘潭第一女子學校——龔氏女校。龔業雅在父親主辦的女子學校畢業後，赴北京女子師範大學繼續深造。課餘她常去同班同學梁亞紫（梁實秋的三妹）家裡去玩，因其性格開朗，深得梁家上上下下的喜愛。吳景超之所以能夠和龔業雅結為連理，梁氏兄妹的橋樑作用功不可沒。一九二八年吳景超學成歸國，任金陵大學社會學教授兼系主任；一九三一年任清華大學教授，曾任教務長。一九三五年在國民政府任職。國民政府遷都重慶後轉任經濟部祕書，龔業雅也隨丈夫在重慶居住。

文中談到「五四大轟炸」，那是一九三九年五月三日日軍轟炸重慶市區，第二天梁實秋去戴家巷二號探望吳景超夫婦，吳景超尚未下班，只有龔業雅和孩子在家，兩人正在閒談，突然防空警報大作，大家慌做一團，只好在房東太太的客廳屏息待變。就在此時，一顆炸彈擊中房子，四處火起，灰塵瀰漫，梁實秋帶著龔業雅和孩子倉皇逃生，這就是抗戰史上有名的「五四大轟炸」。梁實秋在文章這樣回憶著：

業雅拉著兩個孩子，我替她扛著皮箱，房東太太挽著我的胳臂。我們怕走散，不停地互相呼喚著，像叫魂一般。事後房東太太告訴我，我頭上有冷汗滴在她的臂上。我們走到江邊海棠溪，倒在沙灘上，疲不能興……仰視重慶山城火光燭天，劈劈啪啪亂響，因為房子都是竹子造的。過了午夜火勢漸弱，我們才一步步的走上歸程。戴家巷二號依然存在，我下榻的旅行社招待所則門戶洞開，水灑了滿室。第二天，景超向資委會借到一部汽車，我同他一家狼狽的去到北碚。

北碚的「雅舍」其實是相當簡陋的，用竹筋和三合土蓋成，梁實秋說：「雅舍的位置在半山腰下距馬路約有七、八十層的土階。前面是阡陌螺旋的稻田，後面是荒僻榛莽未除的山坡。篦牆不固，門窗不嚴，與鄰人彼此均可互通聲息。入夜則鼠子自由行動，使人不得安枕。夏季則聚蚊成雷……」就在這樣的環境中：「長日無俚，寫作自遣，隨想隨寫，不拘篇章，冠以『雅舍小品』四字」。

雅舍共六間房，梁實秋占用兩間；龔業雅及孩子占兩間；其餘兩間由時為教育部教科用書編委會代主任的許心武及其秘書尹石公居住。雖然地荒涼、屋簡陋，雅舍卻勝友如雲。一大批名人雅士常到雅舍作客：冰心、盧冀野、陳可忠、張北海、徐景宗、蕭柏青、席徽庸、方令孺、余上沅、李清悚、彭醇士……老舍一家時居北碚，也是雅舍上客。梁實秋還回憶說，有一晚他與龔業雅、盧冀野等幾位好友打麻將消遣，「兩盞油燈，十幾根燈草，熊熊燃如火炬，戰到酣處，業雅仰天大笑。椅仰人翻，燈倒牌亂」。一位爽朗、豪放的「女漢子」的形象，躍然紙上！

據梁實秋描述，「業雅是我見過最具男孩子性格的女性，爽快，長得明麗。非常能幹的她，先後在四川、北平做商務編譯館的人事主任，管兩百多人，連家屬六七百人。很有能力，當年所有編譯館的事，從重慶回到南京，都是她一人處理的。她不是文才，是幹才。」根據學者呂文浩說一九三八年十月七日，在重慶的吳景超給駐美大使胡適寫了一封信，說：「業雅近來忽生求學之念，請你替他（當時吳景超將女性人稱代詞都寫作「他」）留意，假如有什麼學校裡，可以給中國女子一種獎學金，他願意得到這種機會。不過他的英文，還不能直接聽講，所以即使有獎學金的機會，他也當自費在美補習英文一年。我們雖然伉儷情深，但我對於他那種求知的欲望，很不願意打冷他。請你替他留意為託。」此時的龔業雅已經三十六歲，一兒一女都很年幼，抗戰時期物質生活異常艱苦，吳景超雖然捨不得龔業雅離開，但對她的求學熱情仍給予盡可能大的理解和支持，但此事後來並沒有達成。

對於梁實秋和龔業雅的關係，當時就有些傳言，對此梁實秋非常坦率，他在文章中說：「《雅舍小品》也是因業雅的名字來的。《雅舍小品》第一篇曾先給業雅看，她鼓勵我寫。《雅舍小品》三分之二的文章，都是業雅先讀過再發表的。後來出書，序也是業雅寫的。我與業雅的事，許多朋友不諒解，我也不解釋，但是一直保留業雅的序作為紀念。」而今網路上更有人以當時梁實秋的妻子程季淑尚在北平為由，想當然耳認為梁實秋與龔業雅有曖昧之情，此實為小人之心。龔業雅可說是梁實秋的紅粉知己，已超越男女之情而化為文字上的繆斯女神。《雅舍小品》可說是在龔業雅的催促、欣賞下完成的。因此成書時梁實秋請龔業雅寫了一篇短序，以志因緣：

二十八年實秋入蜀，居住在北碚雅舍的時候最久。他久已不寫小品文，許多年來他只是潛心於讀書譯作。入蜀後，流離貧病，讀書譯作亦不能像從前那樣順利進行。劉英士在重慶辦《星期評論》，邀他寫稿，「與抗戰有關的」他不會寫，也不需要他來寫，他用筆名一連寫了十篇，即名為「雅舍小品」。刊物停辦，他又寫了十篇，散見於當時渝昆等處。戰事結束後，他歸隱故鄉，應張純明之邀，在《世紀評論》又陸續發表了十四篇，一直沿用「雅舍小品」的名義，因為這四個字已為讀者所熟知。我和許多朋友慫恿他輯印小冊，給沒讀過的人一個欣賞的機會。

一個人有許多方面可以表現他的才華。畫家拉斐爾不是也寫過詩嗎？詩人不是也想畫嗎？「雅舍小品」不過是實秋的一面。許多人喜歡他這一面，雖然這不是他的全貌。也許他還有更可貴的一面呢？我期待著。

三十六年六月　業雅

設若沒有龔業雅，我們可以斷定不會有《雅舍小品》。後來這本書稿在時局動盪的當年並沒有出版，直到一九四九年來台之後，才在正中書局出版。

一九四九年後，龔業雅隨丈夫吳景超留在大陸，梁實秋則南渡來台，兩人天各一方，再未見面。梁初抵台灣後，兩人仍有魚雁往返，直到兩岸斷絕郵電才失去聯繫。一九五二年後吳景超執教於中國人民大學經濟系。在「百花齊放、百家爭鳴」的號召下，吳景超非常謹慎地說了幾句話，但很快成了被批判的靶子。此後更是被作為「鼓吹資產階級社會學理論的重要代表」，成為眾矢之的。一九五七年他被劃為右派，當時中國民族學、社會學、人類學界最著名的大右派有：吳澤霖、潘光旦、吳景超、吳文藻、費孝通等。其中，「吳門三大右派」吳澤霖、吳景超、吳文藻分別是中國民族學、社會學、人類學界的大師。歷經磨難後吳景超於一九六八年五月七日因肝癌去世。作為中國第一代的社會學家，在絕望中走完了自己的一生。而「文革」之後多年，梁實秋託在美友人打聽，得到的卻是龔業雅的死訊，去世時六十九歲（一九七二年）。梁實秋曾說：「這一生影響我最大的女人，一個是龔業雅，一個就是我太太程季淑。」非常難得的是學者呂文浩找到晚年吳景超、龔業雅夫婦及兒子、女兒和孫輩三代同堂的和樂照片，可惜的是梁實秋生前從未見過這張照片，以慰其思念！

前些日子呂文浩兄微信給我說，根據傳記作家葉永烈說他曾見過梁實秋在三十八歲時（時為一九四一年）有本生日紀念冊，這紀念冊是文友們為紀念他三八歲生日（梁實秋生於光緒二十八年壬寅臘八，也就是一九〇三年一月六日，而三十八歲陰曆生日恰是一九四一年一月五日）而為文、題詩、作畫，而卷首是吳景超用毛筆寫的千字文，追溯他與梁實秋結交的情誼往事，這篇文字相當珍貴，也是吳景超的一篇佚文！呂文浩兄說他曾寫郵件問過在美國的梁實秋女兒梁文薔女士，她表示不知道有此紀念冊，因此呂兄要我問一下台北的梁實秋紀念館，我查詢之後也不見此紀念冊，希望哪天能重見此物，將同時見證兩人的半生情誼！

千古文章未盡才的吳其昌

吳其昌（一九〇四～一九四四）字子馨，號正厂，浙江嘉興海寧縣硤石鎮人。著名歷史學家。其弟吳世昌是著名紅學家。吳其昌「五歲知書，十歲能文，鄉里稱為神童」，十二歲喪母，十六歲喪父，生活艱困，刻苦好學，家愈貧而學愈力。一九二一年，十七歲的吳其昌進入無錫國學專修館，師從唐文治，研治經學及宋明理學，由此開始其學術生涯。以才思敏捷，與王蘧常、唐蘭合稱「國專三傑」。每值休假，必懷炊餅進入各公私圖書館，終日不出，三年如一日。在無錫國專時，慨國事日非，曾上書政府，洋洋數千言。唐文治大為激賞，改杜甫詩讚之曰：「吳生拔劍斫地歌莫哀，我能拔爾鬱塞磊落之奇才。」一九二三年十月，在《學衡》雜誌二十二期發表第一篇學術論文〈朱子傳經史略〉，約二萬字，時年才十九歲。同年在廣西容縣中學任教，並扶助弟妹求學。後轉至天津周家做西席。

一九二五年，清華學校研究院首次招生，此次招生共錄取學生三十三名，吳其昌以第二名考入為第一屆研究生，第一名是劉盼遂。其間梁啟超負責諸子、中國佛教史、宋元明學術史、清代學術史與中國文學諸學科。而吳其昌此前已撰成《明道程子年譜》、《伊川程子年譜》、《朱子著述考》、《朱子全集輯佚》等初稿，故擇定「宋代學術史」為研究題目，由梁啟超擔任指導教授。於專題研究之外，吳其昌也選修了王國維先後開設的「古史新證」、《尚書》、「古金文字」等課程，從王國維治甲骨文、金文及古史，從梁啟超治文化學術史及宋史。鑽研不輟，時有著作發表，深得王、梁兩先生器重。在一九二六年秋季開始的新學年中，梁啟超講授了「歷史研究法」與「儒家哲學」兩門課，另外又在燕京大學以「古書真偽及其年代」為題做專門講演，吳其昌參與了後一講稿的記錄工作。王國維則在清華研究院教授《儀禮》與《說文》練習，吳於前課也撰有〈講授記〉。其間吳其昌還和幾位同學共同發起組織了「實學社」，並創辦《實學》月刊，以「發皇學術，整理國故」為宗旨，該刊共出版六期，每期都有吳其昌的文章。

後來梁啟超邀吳其昌去天津協助辦理文案，自此時起，吳其昌一直追隨梁啟超左右，直至梁啟超易簀。同時在一九二八年，因梁啟超的舉薦，吳其昌受聘南開大學，在預科教授文史，由此走上高等學府的講壇。一九二九年一月，梁啟超病逝，吳其昌代表清華大學研究院全體同學在墓前致辭。出自其手的祭文滿含對導師遽爾去世的悲痛，深情憶述了往日師弟間其樂融融的問學情景。一九三〇年吳其昌即離開南開，轉任清華大學歷史系講師，講授中國文化史等課。一九三一年「九一八」事變，當國難日深之際，吳其昌抱著書生救國、義無反顧的決心，毅然於一九三一年十一月廿日，與其妻子諸湘和在燕京大學求學的弟弟吳世昌一同絕食，要求抗日。而「合門絕食」「名傾天下」的吳其昌，卻很快被清華大學解聘了。

一九三二年起，吳其昌轉任武漢大學歷史系教授，後兼任系主任。在武大所開課程有「古代文字學」、「商周史」、「中國通史」、「中國文化史」以及「宋元明清學術史」，同樣能夠見出王國維、梁啟超兩位導師的學術流脈。一九三六年八月考入武大史學系的馬同勳回憶吳其昌授課的情景說：「先生每次講課都是一篇完整的學術專題講演，主題鮮明，邏輯嚴謹，語言考究，又不失風趣。古代文字學、宋明理學、佛教與禪宗均為義理難解的課程，經過先生通俗易懂、深入淺出的講解，旁徵博引、風趣幽默的闡述，不知不覺間把我們引回歷史長河，大有親臨其境之感，至今記憶猶新。聽先生授業真是比沐浴春風而有過之。」

抗戰軍興，吳其昌隨校遷至四川樂山，旋兼歷史系主任，繁忙的工作，清貧的生活，當地氣候又潮濕，吳其昌的身體完全垮了，從一九三九年起，即斷續咯血。但仍白天扶杖上課，深夜支頭撰文。一九四四年因肺癆咯血病逝。臨終前一月，應約著手寫《梁啟超傳》，僅完成上卷而卒，年僅四十歲。

吳其昌一生愛國，一九二六年參加「三一八」學運大遊行，扛著大旗走在隊伍前面。慘案發生時，槍彈從他耳旁飛過，當即撲倒在地，方免於難。「九一八」事變後，與夫人諸湘、弟吳世昌乘車南下，謁中山陵痛哭，通電絕食，要求抗日，朝野震動，傳為愛國壯舉。抗戰開始，其昌患肺病、咯血，仍以國難當頭為念，堅持講課、寫作不輟。

讀書治學，吳其昌的風骨同樣為人欽敬。他在〈治學的態度和救國的態度〉一文中表示：治學要有貢獻生命的誠懇。他說：「我以為『誠懇』，是一切學問的根本態度。無論哪一種學問，我都情願用我的生命去換這種學問，我就把我整個『身』和『心』貢獻給一種學問，我就拼命做這一種學問，我就真用我的生命去換這一種學問。」吳其昌在國學上的成就為學界共認，兩百萬字的著述造詣極深，幾近金字塔之巔。

吳其昌在甲骨、金文等方面頗有建樹，當時國內學界最有希望傳承王國維學術命脈的就是吳其昌了，他的〈卜辭所見殷先公先王三續考〉是繼王國維考證的基礎上，揭示了王先生未發現的許多問題，其中有龜契與經典傳說密合，而王未及勘者；有龜契所著殷先公之名，經典早佚，王補未全者；有經典中殷先公先王名號，王未發現者。吳其昌也認定經典中某些人名號係卜辭誤文，對王已考定之名號而未明其故者，亦有補考。吳其昌主張在新出土之彝器文物上，重建中國古史統系。因此，他做了大量的疏證工作。從甲骨龜片、出土彝器的文字考釋，如《殷墟書契解詁》、〈矢彝考釋〉；旁及上古音韻學的探求，如〈說攄櫝聲例〉、〈先秦入聲的收聲問題〉、〈來紐明紐古複輔音通轉考〉；進而考察殷周時代的社會、文化、制度狀況。更進一步專為金文做系列的疏證，包括曆朔疏證，氏族疏證，名象疏證，方國疏證等。這是一個多麼龐大的工程！

一九三六年，日本漢學家橋川時雄在所編《中國文化界人物總鑑》中曾為他立傳。他生平著述頗豐，治學範圍廣博，除前所述外，於訓詁、音韻、校勘、農田制度等亦有研究。主要著作有《朱子著述考》、《殷墟書契解詁》、《宋元明清學術史》、《金文世族譜》、《三統曆簡譜》、《北宋以前中國田制史》以及時論、雜文集《子馨文存》等。

二〇〇九年由吳其昌之女吳令華主編的皇皇五卷本《吳其昌文集》由三晉出版社出版發行。卷一《殷墟書契解詁》、卷二《金文名象疏證．兵器篇》為影印版，卷三《史學論叢上》、卷四《史學論叢下》、卷五《詩詞文在》為排印版。因其中都是專書，非一般讀者所能閱讀，因此我根據《子馨文存》刪去有關時事方面的文章，再增補一些較具可讀性而具史料價值的，而編成《吳其昌文存》一書。

《吳其昌文存》書中開卷收錄〈梁任公先生別錄拾遺〉、〈梁任公先生晚年言行記〉、〈祭梁啟超先生文〉、〈王國維先生生平及其學說〉為其追隨梁、王二師所記，他們的言傳身教猶如春風化雨，潤物無聲，卻長久地存留在吳其昌的記憶中，甚至形塑了其一生品格。其祭文滿含對任公遽爾去世的悲痛！所謂「師家北苑，門植繁李。率爾叩門，必蒙召趨。垂誨殷拳，近何所為？有何心得，復有何疑？斅治考證，得證凡幾？」師生情深，躍然紙上。而在王國維自沉頤和園昆明湖的前夜，吳其昌和趙萬里還在王國維家中敘談，豈知第二天卻聞噩耗，吳其昌是最早趕赴頤和園的，當時他「不禁大慟」，與相繼趕來的清華師生相互「唏噓不置」。此後在王國維逝世的周年，他還撰寫了〈王觀堂先生學述〉、〈王觀堂先生《尚書》講授記〉等文。十餘年後，他在〈王國維先生生平及其學說〉的演講中，充滿感情地追憶這一段師生情緣，至今讀來仍令人神往：「時梁任公先生在野，從事學術工作，執教於南開、東南兩大學。清華研究院院務本是請梁任公先生主持的。梁先生雖應約前來，同時卻深自謙抑，向校方推薦先生（按：指王國維）為首席導師，自願退居先生之後。……」。對於清華國學院的這兩位導師，吳其昌是永難忘懷的，十年後他還寫有清華園過梁、王二先師故宅詩：「三年請業此淹留，二老凋零忽十秋，感激深於羊別駕，哀歌隕涕過西洲。」師門恩義，可以想見。

而〈清華學校研究院同學剪影〉一文，乃是一九二七年夏，學生會籌印《清華同學錄》，由時任學生會副幹事之吳其昌主編。除刊有師長、同學之照片、地址外，每位學生有一篇小傳，多倩同學為之，亦有自述或知心代筆者。其中由吳其昌執筆者十三篇，分別是：劉盼遂、程憬、王庸、周傳儒、方壯猷、聞惕、汪吟龍、侯堮、陳邦煒、戴家祥、顏虛心、陶國賢、杜綱百的小傳，並在劉節、鄭宗棨、吳金鼎、全哲四篇小傳後加上跋語，而這些「同學少年多不賤」，日後在各自不同的領域上都各有建樹。吳其昌在《清華同學錄》的〈跋〉中說：「竊念本院諸教授皆海內之大師，諸同學皆海內之英才。」而「今天下方洶洶，一旦如雲霧之散，必有求記姓名而不可得者。」因此這些小傳，在今日視之，竟是不可多得之珍貴史料，何況其文筆粲然，栩栩如生者！

吳其昌另一個重點是對宋明哲學史，作了大量的史料考證，王蘧常嘗笑他：「理學而尚考據，自君始」，有的他考定著作年代，有的考定後人纂合情況，有的考證朱熹思想發展及治學情況，並對朱熹的學說作出評價，指出其「格物窮理」之說，具有實驗的精神，是中國稚弱的原始的科學思想之種子，對朱的治學方法從態度與方法也作了全面的論述。在本書中特別收錄〈朱子之根本精神——即物窮理〉和〈朱子治學方法考〉可說是其代表性的論文。而〈諸子今箋序〉一文是吳其昌在一九三三年為研究院同學高亨的《諸子今箋》所寫的序，序中指出：「中華民族近古一千年來先哲學風之因革轉變之動力是『求真』。」常有學者認為中國缺乏「為學術而學術」的「求真」精神，甚至以為這是中國未能產生近代科學的主因，吳其昌的看法則剛好相反。他闡述中國學術「求真」的優良傳統，看來乃是學術史研究的要務。

〈趙望雲先生畫理序〉、〈關山月先生灕江圖長卷跋〉、〈繪畫三昧說〉凸顯吳其昌在繪畫收藏及鑑賞上有其極高的品味，他說：「昔在故都，流連低徊於故宮博物院之鍾粹宮內，得熟覽晉唐五代宋元明珍奇神品，此外歐美日本平津滬港所影印之自晉以來名蹟，寒齋所藏，截至元畫為止，亦有近二千幀。」「望雲先生人物衣褶，皆用『鐵線褶』，此復興唐初風也。自吳道子創為『芹帶褶』後，『鐵線褶』之作風遂浸衰浸微，明以後遂絕跡於中國之畫壇。」「望雲先生功力已足以重振之，而更能讀萬卷書，行萬里路，以培植其胸之素養與實學，且運撝其天才而吐為創造。民族復興，藝術亦必復興以應之，余對於趙望雲、徐悲鴻、張大千三先生尤致其欽仰焉。」「關君展是卷於嘉州，僕往觀焉而始驚歎，以為三百年來所未曾有。圖大凡長八十餘尺，寫灕水自導源以迄桂江咸備。丹巘翠嶽，作風與宋朱銳《赤壁圖》卷為近（然朱卷甚短促）。使僕昔所夢遊而未得者，今乃晌目而盡之。」這再再都非空泛之言，而是行家之語！

吳其昌是徐志摩的表弟，他說：「志摩，本名章垿，字幼申，『志摩』是他自己不經父母同意而『亂取』的別號。『算不得數的』。我們硤石人的經典，凡是不經父母同意，而小官自己亂來的，都是算不得數的——這就叫做『嘸淘成』。幼申和陸小妹（硤石人永不知道陸小曼）結婚，那真是『嘸淘成』極了，當然更算不得數。」當徐志摩空中罹難後，他正在絕食中，哀痛不已，寫了〈志摩在家鄉〉一文以念。「民國二十年十一月二十二日上午十時十分，車過濟南黨家莊開山腳下，憑吊志摩表兄殉難處，時全家三人絕食第四十六小時。其昌記。這一行歪歪斜斜的藍色字，到現在還記在一張破敝的《大公報》報沿上。我們相信這一行字，長長久久不致於磨滅。」

吳其昌晚年，他的研究轉向結合抗戰形勢，「以史為鑒」，側重於邊政史及東亞史，民族的融合演變，為了加強這方面的研究，他還呼籲大學歷史系設「東亞史」課程，並籌畫成立東亞史研究會。民國以前早已有籌邊的政論文章，但無研究邊政的專門學問。九一八事變後，學者們開始注意邊疆問題的研究，並向國人介紹邊疆情況，來喚醒國人的民族危機感。抗戰爆發後，政府西遷，對於邊疆研究尤其重視。二十世紀四〇年代，一門研究邊疆政治的新學科——邊政學應運而生。一九四一年九月廿九日，中國邊政學會在重慶召開成立大會，到會者有邊政學會會員及有關機構的代表六十餘人參加。一九四一年成立到一九四七年間，一直由吳忠信擔任理事長，學會大量發展會員，蒙藏委員會的職員全部入會，聲勢頗為興盛。民族學家、社會學家徐益棠、凌純聲、吳澤霖、顧頡剛、芮逸夫、衛惠林、馬長壽、吳文藻、周昆田、張廷休、張中微等都是邊政學會的重要成員。一九四一年八月十日，邊政學會創辦了《邊政公論》。《邊政公論》研究的範圍主要是邊疆和民族兩部分，每月出版一期，至一九四八年十二月停刊，共發行了七卷四期，是當時較有影響的邊政研究刊物。吳其昌在《邊政公論》創刊號發表〈秦以前華族與邊裔民族關係的借鑑〉一文開始，先後在該刊又發表〈兩漢邊政的借鑑〉、〈魏晉六朝邊政的借鑑〉和〈隨唐邊政之借鑑〉諸文。吳其昌原本是要寫成《歷代邊政借鑑》一書的，上述這四篇論文，都是其中重要的內容，可惜後來因吳氏逝世而未竟全功！

吳其昌對於邊政的理解，是指「靖邊或治邊之政策」，主要是指中原族群政治力量或王朝對邊疆民族的政策，尤其側重民族關係的觀察。他把歷代邊政發展脈絡進行縱向的梳理，體現了歷代邊政實踐、認識的延續與嬗變。他將地理、政治、經濟、文化、血緣、生活方式、心理多維因素進行立體式的綜合分析。學者段金明在研究吳其昌邊疆民族的觀點上總結說：「吳其昌的學術轉向及其關於歷代邊政認識、政策的探討，雖然或許在內容的表向上呈現得並不豐厚，但其研究所蘊藏的歷史意涵卻較於久遠。緣於在甲骨文、訓詁及文獻等多方面的深厚積累，吳其昌對相關問題的探討深刻、精煉，對歷代邊政的總結自樹一幟，值得深入探討。吳其昌關於邊疆民族研究所體現出的貫通與整體視野，亦是今天邊疆民族研究重要的治學路徑。」

上世紀二十年代末，陳寅恪曾向輔仁大學校長陳垣推薦吳其昌任教，推薦信曰：「吳君其昌，清華研究院高才生。……吳君學問必能勝任教職，如其不能勝任，則寅恪甘坐濫保之罪。」以清華國學院四大導師之一，被稱為「教授中之教授」的陳寅恪都如此讚許，可見其學識之一斑！

而其女兒吳令華在總結吳其昌的學術成就說：「以他短短不滿四十年的生命，從十九歲發表第一篇學術論文算起，治學生涯最多二十一年，後七年又值國家危難關頭，個人疾病纏身，而堅持完成了古文字、古音韻、上古社會政治、田制史、歷代邊政、地理、宋元明清哲學史等論著一百八十餘萬字，抗日救國文章數十萬字。其勤其力，可以想見。」確是不凡！

康有為派梁鐵君刺殺慈禧始末

前言

康有為一直將慈禧太后視為維新變法的重大阻礙，必除之而後快。戊戌政變前夕還曾有聯合袁世凱「圍園劫后」之計畫，而戊戌政變後，康有為逃亡海外之初，仍然不放棄派人暗殺慈禧之舉。甚至到光緒三十年（一九〇四）還派梁鐵君入京行刺，但由於康、梁年譜都語焉不詳，並未能道出真相。只有章士釗在一九六一年寫的〈吳道明案始末〉（案：吳道明為梁鐵君之化名）一文，有較詳細的談及此事，只因章士釗見過梁鐵君之子梁元及其所藏梁鐵君遺札四封並有康門弟子徐勤、羅普、伍莊、唐恩溥等人的題跋，當然可掌握更多的史料，也呈現出一些歷史的真相。而此珍貴書信於數年前為香港收藏家翰墨軒主人許禮平先生所得，蒙其提供照相影本讓我展讀，我做出釋文並蒙其校對，心銘感激。又見康有為文孫康保延家藏梁鐵君之遺札（見《萬木草堂遺稿外編》下冊）及學者孔祥吉所發現一封梁鐵君給康有為的信，筆者據這些信函重新梳理此段史實，並參照康有為的詩集、梁啟超的書信、康門弟子徐勤、伍莊等人的親見親聞，而詳其此事之顛末。而康有為在新、馬的行跡還借助新加坡學者李慶年、張克宏的研究著作，其他如學者李永勝找出當年《中華報》對梁鐵君被捕後的報導，都是極其珍貴的史料，對於還原歷史真相，有莫大的助益。

一、梁鐵君與康有為早期的交往

梁爾煦（一八五七～一九〇六），又名鐵君。原籍廣東順德麥村人，出生於南海佛山鎮松桂里，是名士梁九圖（一八一六～一八八〇）之孫，鴻臚寺卿梁僧寶（一八三六～一八九九）之子。梁九圖，字福草，別署十二石山人。是道光、咸豐年間的社會名士、慈善家和詩人，也是嶺南名園梁園的創建者之一。他經常跟佛山著名詩人張維屏、黃培芳、吳炳南、岑澂等人詩酒唱酬，提倡風雅。人們稱他為「嶺南名士」、「汾江先生」。他不僅博學多才，而且樂於扶持後學，作育英才。例如後來官至禮部侍郎的李文田少小天姿聰穎，勤奮好學，就讀著名教館先生何鐵橋門下，後因貧寒而輟學。惜才的梁九圖把他招入家中與愛子梁僧寶同齋供讀。咸豐九年，李文田殿試欽點探花郎，任翰林學士。而梁僧寶亦考得第二十二名進士，授禮部主事。軍機大臣戴鴻慈，少年時跟隨梁九圖的學生舉人伍蘭成學習，梁九圖一見到戴鴻慈的文章，就認為他將會有遠大的前程，便把他哥哥的孫女許配給戴鴻慈。他卓異的眼力，可見一斑。梁僧寶歷升員外郎、掌印郎中兼軍機處行走、監察御史、鴻臚寺少卿。他秉性耿直，同治十二年、十三年，他參加磨勘（覆核抽查）鄉試、會考試卷，發覺有作弊現象，一力斥革兩名不合格的新舉人，並將情況如實上奏。順天鄉試考官、大學士金慶等人因此受到降職處分，各省新舉人相繼被斥革、罰停科的及考官被撤職降調的甚多，一時掀起大風波。受罰官員嗾使御史周聲澍、郭從矩彈劾梁僧寶。皇帝親自抽查復勘的考卷，覺得並無枉曲之處，降旨著令御史無須爭議，風波才告平定。

梁鐵君與康有為同在嶺南大儒朱次琦（九江）門牆之列，是師兄弟，梁鐵君長康有為一歲。據吳天任的《康有為先生年譜》說康有為在「光緒二年（一八七六）師從朱次琦，入禮山草堂，光緒四年離開。」因此兩人訂交當在此期間。康有為眼中的梁鐵君是「長身玉立，目光如電。冠年來九江，謁先師朱九江先生，佩劍如虹，遂相識，鐵君以王景略、陳同甫自負。已而率吾登粵秀山五層樓巔，強吾從所學，否則絕交，而吾乃溝瞀小儒，不能從也，交遂絕。」梁鐵君家世富厚，喜談國內大勢和古今王霸史事，因和康有為意見不合，以致絕交。章士釗推斷兩人絕交應在光緒七年（一八八一），因為後來康有為的〈哭亡友烈俠梁鐵君百韻〉詩中有「忽忽越五載，法警驚城郭。」之句，章士釗認為此指甲申中法之役，是役蟬聯至乙酉仍未了，統言五載，亦去史實非遠。而五年後兩人復交，康有為云：「越五年，重相見，與談天人之故，君大驚服，折節親交。」而今見康有為早年詩集《延香老屋詩集》（案：延香老屋是康氏祖傳宅第，康有為青年讀書處）中有〈題吾友梁鐵君俠者畫竹〉詩云：「生挺凌雲節，飄搖仍自持。朔風常凜冽，秋氣不離披。亂葉猶能勁，柔枝不受吹。只煩文與可，寫照特淋漓。」學者茅海建認為該詩可能寫於光緒十三年，也就是兩人復交之後。

梁鐵君的胞兄梁霞鼇很有錢，當時承辦廣西鹽務，創立林全大江公堂於梧州，總持桂林、全州、大黃江等處鹽櫃，由梁鐵君擔任堂總，主持其事，獲利甚豐。康有為的《萬木草堂詩集》（梁啟超手抄本）有〈梧州四詠〉，題下注云：「時以所著《新學偽經考》被按劾，梁大鐵君招遊梧州，日與飲酒訪山水，輒成詠。」這是指光緒二十年七月，給事中余晉珊（聯沅）疏劾《新學偽考》：「惑世誣民，非聖無法，同少正卯，聖世不容，請焚其書，而禁粵士從學」。而御史安維峻更疏請嚴予究辦。於是兩廣總督李瀚章令康有為將此書自行焚毀，並為之開脫，不致革去舉人，康有為乃應梁鐵君之招往遊梧州散心。在梧期間，康有為有〈鐵君惠沙田柚盈舟，詠柚以贈鐵君，惜其才俠不見用也〉及〈鴛江船上飲酒聽歌者阿銀歌，嘹亮淒楚，別梁鐵君〉諸詩。此次的會面兩人都留下深刻的印象，直到六年後（也就是光緒二十六年），康有為流亡在新加坡，梁鐵君伴隨在側。康有為有〈與梁鐵君在星坡追話梧州舊遊〉詩云：

白月四更冰井寺，與君踏月繼曾來。
萬松蘭若崎嶇路，幾樹梅花上下台。
綠水夕陽移畫舫，銀燈雪夜照深杯。
可憐鴛水東流盡，又歷華嚴劫一回。

而梁鐵君用康有為的原韻和之云：

兩度同遊踏明月，蒼梧昨夢故人來。
宋碑唐井前賢地，漓水鴛江舊將台。
翻為焚書邀笠屐，再從浮海共吟杯。
蒼生繫重何能死，歷劫而今第幾回？

梧州別後，梁鐵君在同年十一月初七日有給康有為信云：「初七日接讀十月廿三日發來手教，感甚。墓誌揮就，即交霞兄處收可。近欲覓北碑甚難，倘有好本，懇見示數種，臨罷即當送還也。日來無所消遣，初治《公羊》條例，苦無頭緒。前卓如兄所著《論語公羊相通說》，陳子褒兄正擬發刊。弟欲先睹為快，已抄一本，日逐流覽，益人神智不少。卓如聰明絕世，又極勤學，將來功業，何可量耶！……」（見《萬木草堂遺稿外編》下冊）其中並附〈秋夜感懷〉七言律詩四首，中有「鴛水灘江盡晚陰，綠綺亭畔廢登臨。」之句，即是記載康有為遊梧州之事，而信中所說的卓如即是梁啟超。

而在這之後，同年十一月據康有為《自編年譜》有「遊廣西，住風洞，刻記於黨人碑。……寓桂林凡四十日，往來在山水窟中亦四十日。日日搜巖剔壑，及赴官紳燕會，若經年矣。」此為康有為的首次廣西之行，雖是其門人龍澤厚邀請的，但梁鐵君是陪侍在旁的，在後來康有為所寫的〈哭亡友烈俠梁鐵君百韻〉詩中，有「同住風洞山，蠟屐遍巖壑。」之句，即是明證。

光緒二十三年正月初七日，梁鐵君有信給康有為云：「……昨歲承示開辦善堂，經與梧州紳商聯名開辦，均皆踴躍樂成，李恭山先生為之倡。報館亦大有頭緒，惟君勉兄不知能否惠然而來。此刻主筆須人，諸事仍候君勉兄乃開辦耳。梧府縣尊均皆獎許捐款，當不至匱乏之虞矣。……再付上府報二函，羽兄三函，易一交閣下一函，交龍積之兄一函，並《公善章程》、《萬國公報》，統希察收轉致。」（見《萬木草堂遺稿外編》下冊）這是康有為第二次到桂林講學之後，他組織聖學會，「先在桂林開辦。本善堂於廣州、梧州皆有分局，當陸續辦理，視集款多寡，次第推行於各府州縣。」而梧州方面將由梁鐵君主持，要辦報、辦學，而梁鐵君正在等待徐勤（君勉）的到來，報館始能開辦。梁鐵君在廣西梧州經營鹽業，資產積累豐厚，而康有為本是寒士，因此他將許多錢用來支持康有為。自公車上書、設立學會，以迄戊戌政變，康有為隨手揮斥，幾無處不惟梁鐵君是賴，而梁鐵君亦曲意應之無吝色，直到「私財匱盡」。

二、戊戌後捨家相隨

光緒二十四年（一八九八）戊戌變法失敗後，梁鐵君棄家追隨康有為，流亡國外，成為康有為的左右手，是保皇派的骨幹份子。因梁鐵君有武功，還兼作康有為的保鏢。徐勤在《梁鐵君遺札》的題跋云：「戊戌八月政變南海先師得英人保獲（護）到香港，旋東渡日本，鐵君隨焉，種種計劃皆與其事。」當康有為剛到日本時，孫中山也正在日本招兵買馬。日本人想借此機會促成革命派與改良派的合作，孫中山也非常希望爭取改良派。於是，在日人宮崎滔天（宮崎寅藏）、平山周居間聯絡下，據清光緒二十四年九月十二日《國父年譜》記載：「……兩日後，先生派少白偕平山至康寓造訪，康、梁出見，在座尚有王照、徐勤、梁鐵君三人。少白痛言滿清政治腐敗，非推翻改造，無以救中國，勸其改絃易轍，共襄革命。康正襟危坐，故示矜持，並大言曰：『今上聖明，必有復辟之一日。余受恩深重，無論如何不能忘記，惟有鞠躬盡瘁，力謀起兵勤王，脫其禁錮瀛臺之厄，其他非余所知，祇知冬裘夏葛而已。』少白反覆辯論，無法挫其驕氣。會王照揭露所稱『衣帶詔』之詐偽，康恨之刺骨，並遷怒少白，兩黨遂無融合之望。」

根據康有為女兒康同璧所編《南海康先生年譜續編》（有一九五八年油印本，一九六一年作者又有修正。）中光緒二十五年條云：「正月，先君居日本東京明夷閣。時與王照、梁啟超、梁鐵君、羅普等重話舊事，賦詩唱和。」而康有為的《明夷閣詩集》有〈俠者梁鐵君聞余蒙難，棄家從亡，同居日本，日夜相共，偶與圍棋，感事聯句〉一首，又有〈明夷閣與梁鐵君飲酒，語舊事竟夕〉等共計三首。之後康有為去加拿大，而梁鐵君則返回香港。

據《南海康先生年譜續編》，光緒二十五年二月十一日康有為由橫濱到加拿大，四月二十二日至倫敦，閏四月離倫敦，重返加拿大域多利，並在六月十三日創立保皇會。康有為有詩，題目頗長，曰〈己亥六月十三日，與義士李福基、馮秀石及于俊卿、徐為經、駱月湖、劉康恆等創立保皇會，二十八日在域多利中華會館，率邦人祝聖壽，龍旗搖颺，觀者如雲。瀏高華與二埠同日舉行，海北祝嘏，自此始也。〉

據學者孔祥吉《晚清史探微》引有光緒二十五年八月十五日梁鐵君給康有為一信，當是梁鐵君在港、澳間所寫，信云：

長素先生大人閣下：

別來返港，接雨田兄函，云吾兄在域多利擇得一善地，甚平安，慰甚……

弟現在港、澳間往來，尚未有入內地……尚幸賤軀無恙，差堪告慰耳。師中吉攜湖南志士九人（皆哥老會頭目也），已分往潮州及福建各處，師暫住兩禮拜，亦往別處矣。師云：湖南內地有九萬餘人，獨無軍械、糧餉，不能舉動，擬候君勉南洋籌款，然君勉初到南洋，一切佈置未定，奈何！奈何！在澳門，何穗田亦曾見此數人。到港，晚生亦見之。然籌款一節，亦甚難耳。

近榮（祿）、慶（奕劻）兩黨相傾，西后擬廢立，事甚急，京師震動。剛毅來粵，擬籌款五百萬，近議厘金改作坐厘，歸七十二行商帶抽，四處羅掘，鴉片煙熟膏抽厘亦已承辦矣。香濤辦哥老會極嚴，殺了數人。故湖南諸公奔走出滬，遇文廷式，交信囑其來港，覓宮奇（崎）。故諸公到港，亦曾識宮崎、少白等人。惟師則主意極定，外聯宮崎、少白，而內防之。湖南諸公亦深信服師。師且云：「文廷式有異志，欲自立。」師之忠勇可愛，誠不愧復生之友耳。僅此布達，即請台安。熙拜，八月十五日晚泐。

孔祥吉認為此信「無疑是一件極為珍貴的史料，說明康有為等亡命海外後，加緊與內地的會黨勢力相聯繫，試圖借會黨的勢力同以慈禧為首的清政府對抗。而以師中吉為代表的會黨頭目，正是以前譚嗣同的舊友。唐才常領導的自立軍起義，主要藉助的也是師中吉為首的哥老會勢力。」

同年九月康有為因勞太夫人在香港患病，於是由加拿大假道日本歸港。當時清廷命大學士李翰章督粵，緝捕逮康有為，刺客載途，一夕數驚，於是在香港停留不到四個月。而同年底據《南海康先生年譜續編》云：「適邱菽園（案：新加坡富商，著名詩人）自星加坡匯贈千金，並邀往南洋避難，乃於十二月廿七日偕梁鐵君、湯覺頓等乘船離港。」康有為在《大庇閣詩集》中有〈己亥十二月廿七日，偕梁鐵君、湯覺頓、同富侄赴星坡。海舟除夕，聽西女鼓琴。時有偽嗣之變，震盪余懷，君國身世，憂心慘慘，百感咸集〉詩。《大庇閣詩集》共收有一四七首詩，分別是作於新加坡和馬來西亞的丹將敦（Tanjong Tuan）和檳榔嶼三處。康有為在《大庇閣詩集》序中說：「庚子（一九〇〇）春，徙圖南溟。及夏，英海門總督亞歷山大館我於其庇能（檳榔嶼）節樓，名之曰大庇閣。居十五月，至辛丑（一九〇一）十月乃去。」《大庇閣詩集》的得名，也是由此而來的。（以下所引諸詩均出自《大庇閣詩集》，不再另註明。）

而《南海康先生年譜續編》光緒二十六年條云：「正月二日，先君至星加坡，寓邱氏客雲廬。」十餘天後適逢元宵夜，康有為有〈星坡元夕，鄉人張燈燃爆，繁鬧於故國。觸緒傷懷，與鐵君、覺頓、同富侄追思鄉國〉詩。而為了躲避媒體的追逐，到了正月二十六日康有為遷到邱菽園在湯申路之恒春園，他有〈庚子二月，四十三歲初度，寓星坡之恒春園，居一樓，名曰南華。梁鐵君、湯覺頓為吾置酒話舊，慰余瑣尾〉之詩。

《南海康先生年譜續編》光緒二十六年條云：「三月，遣梁鐵君至北京尋先叔幼博（案：「戊戌六君子」之一的康廣仁）墓（案：稿本作「厝所」，較精準。），得舊僕張陸之助，得於北京宣外南下窪龍樹寺之旁，攜遺骸以歸。」康廣仁遇難後屍骨不知埋葬何處，做為兄長的自然心碎難忍，流亡在外近兩年，康有為時常擬遣人往北京尋找，但均未果。現避居南洋，北望中原，更是肝腸寸斷，於是有〈遣人入北尋幼博墓，攜骸南歸〉之詩，遣人，當指梁鐵君，而「攜骸南歸」，並非指南來南洋，而是先浮厝於廣東南海縣銀塘鄉的後崗，到了一九二〇年夏曆五月初一日，康有為才移葬康廣仁遺骸及其母勞太夫人並三姨太何旃理於江蘇金壇縣茅山積金峰下的青龍山。

又光緒二十六年陰曆六月二十八日為光緒帝三十歲生日，邱菽園為了保皇，發起恭祝萬壽之祀嘏活動，康有為有〈皇上三十萬壽時大亂，京津消息多絕，幸聖躬無恙，小臣在星坡，與梁爾煦、湯叡設香案龍牌，望闕叩祝。時邱煒萲鼓舞星坡人，全市祝壽極鬧，前此未有也。恭記〉詩，康有為在此次活動中公開露面了。為了躲避刺客的暗殺，在邱菽園、林文慶以及當地政府的保護之下，康有為匿跡新加坡雖僅半年，卻四遷其居。七月朔，聽聞有刺客要殺康有為，總督瑞天咸（Frank Althelstone Swettenham）用船將他及隨行諸人送往麻六甲丹將敦（Tanjong Tuan），康有為有〈七月偕鐵君及家人從者居丹將敦燈塔〉詩。新加坡學者李慶年指出由於康有為詩中稱丹將敦為島，因此有些學者誤以為真的是島，其實它是森美蘭州接近麻六甲州的一塊突出海面的陸角。丹將敦沙灘上有些石頭被海水沖刷得光滑明亮，康有為有〈丹島多奇石，拾得百餘枚以壓歸裝，鐵老亦相與拾石自遣〉詩。但僅經過兩星期，總督又護送他到馬來西亞的檳榔嶼，李慶年指出英國人把他從新加坡接到丹將敦，又將他送到檳榔嶼，目的是要保護他，這當然是考慮到他今後或許還有利用價值。康有為有〈七月朔入丹將敦島，居半月而行，愛其風景，與鐵君臨行，回望不忍去。然聯軍鐵艦日繞島入中國，見之憂驚，示鐵老〉之詩云：

丹將敦島住半月，弄水聽潮憶舊蹤。
海浪碧藍分五色，天雲樓塔聳高峰。
風號萬木驚吟憂，濤湧崩崖嘯臥龍。
隱几愁看征艦過，中原一線隔芙蓉。

而光緒二十六年庚子事變起，據《南海康先生年譜續編》云：「京師義和團變起，時機可乘，乃使徐勤募款海外，唐才常招撫兩江豪傑，荊湘志士，相率來歸。名將吳祿貞、徐懷禮皆與焉。林圭主武昌，羅昌、梁啟超往返奔走，同時函英日友人，籲請協助，仗義勤王。秘謀於七月二十九日舉事，事前不慎，為張之洞查悉，全計覆沒，同志悉被捕獲，三十餘人當日蒙難，株連而死者千餘人。」又說：「而湖北、湖南、安徽、廣西、廣東五省株連而死者，尤不可勝算。先君聞耗大慟，此後不復再言兵事矣。」而康門弟子伍莊（憲子）在《中國民主憲政黨黨史》言：「庚子勤王之失敗，其原因甚多，然最重要之一因，則在現有軍隊中，未得一主力也。康有為對於梁啟超親入主軍之建議，所以未能決定者亦為此。試問素非訓練之眾，但靠金錢何能駕馭，而況金錢亦不多。此次海外所籌約三十萬元，合美洲南洋會眾之力，不過如此。……不料七月二十日八國聯軍已破北京，西后脅持皇上乘輿西狩，長江佈置如箭在弦上，不能中止。而事機不密，竟為鄂吏所乘，成敗之數，豈非天乎？復次，外交之運用欠力量，當北方拳匪排外，正鬧得天翻地覆之時，南方三督聯合保境，力任護外，乃突然於長江中部異軍突起，既無正式軍隊以為之倡，復有平日未能見信外人之幫會啟其疑惑。由今思之，此種舉動實在非常冒險，成功之希望甚微也。」

康有為在檳榔嶼住了一年多（十五個月）直到光緒二十七年十月二十七日才離開，這段時間先是住在英總督署的大庇閣，後來移居檳城總督署山頂臬司別墅。期間有和梁鐵君有關的詩，如：〈檳榔嶼偕鐵君四更踏月，步遊公園，長林清薄，雜於月影中，光景佳絕〉、〈戊戌築園花埭，僅移家數月而被籍沒，吾尚未見也，鐵君話曾兩到，今為鬥蟀場矣〉、〈檳榔嶼公園有飛瀑，鐵君尋得，日與同遊。自去國避地，不見泉瀑久矣〉、〈辛丑二日偶披棋局，見於鐵君舊聯句，再題一詩〉等諸作。

離開檳榔嶼後康有為等人前往印度，十二月一日居大吉嶺。光緒二十八年五月後遊須彌山，光緒二十九年三月離開印度，遊緬甸、爪哇後返港。光緒三十年二月，康有為、梁啟超、徐勤等和其他各埠代表在香港舉行保皇大會。議程包括討論商業公司的組織，計畫從事商業為總會和分會獲取資金，制定行動計畫以對抗革命派的攻擊。商會各員則已公舉徐士芹、梁啟田二君為收銀員；壽文、葉惠伯二君為管銀員；王公佑、康季雨二君為核數員，經各埠代表人共同簽名認允。

之後康有為才離港赴歐。學者蔣貴麟認為梁鐵君和康有為分袂，當在光緒三十年二月春，是根據康有為的〈哭亡友烈俠梁鐵君百韻〉詩中有「……神山看櫻花，海嶼啖檳榔。爪哇觀魚池，緬甸覽象場。……更飲恆河水，數沙悟十方。……。攜手登須彌，精神欲飛揚。峰顛萬古雪，高高片雲橫，仰首吸上天，俛目瞰八荒。臨睨忽東顧，神州自茫茫。惻惻下流涕，誓言救君王。縱翼遂飛去，三度入帝鄉。……」之句。蔣貴麟認為「詩中所謂『三度入帝鄉』，似當釋為三度入京師。鐵君先生於光緒三十二年七月殉難，則其入京師之年，或即在甲辰與先生分袂之後，而其謀固已定於癸卯（案：光緒二十九年）遊緬甸之時也。」

三、擔任暗殺慈禧之舉

據《梁啟超年譜長編》云：「庚子年勤王運動失敗以後，南海先生便籌謀暗殺計畫，他的主要對象當然是西后，其餘如榮祿、李鴻章、劉學詢、張之洞等都曾在謀刺之列。這個主張發起於南海，以後便成為黨中重要事業之一。他們以為西后是變法維新保皇救國的最大阻力，其餘如榮、李、劉、張等，也都是保皇運動的妨礙者，所以不惜以巨資收買俠士，謀刺他們。數年以來，以經營此事，費去數萬元之多，但是，結果毫無成績。」保皇黨人陳國鏞在光緒二十六年五月十九日致美國僑領、保皇黨的骨幹譚張孝（良）信亦云：「至募死士刺殺賊黨一層，為極難事。自去年至今日，以日日注意於此，已費許多金錢招致此等俠士，惟總未見一施諸實事耳。」（見《康梁與保皇會：譚良在美國所藏資料彙編》一書）

而到了光緒二十九年九月三十日，梁啟超給康有為的信云：「……革命難行，先生之言固也。

然櫻田之事，弟子以為舍錢買俠士者，其人必不可用，故力不主張，非謂此事之不宜行也。如現在所謂林俠者，弟子未見之，不能斷其人，而何以數月不往，惟日日揮金如土，致使先生苦於供養，然則此等人供養之，果能為用乎，非弟子敢言矣。數年來供養豪傑之苦況，豈猶未嘗透耶？日日下氣柔聲，若孝子之事父母，稍拂其意，立刻可以反面無情。故弟子常與勉、雲等言，今之供養豪傑，若狎客之奉承妓女然，數年之山盟海誓，一旦床頭金盡，又抱琵琶過別船矣。故用錢以購人之死力，此為最險最拙之謀也。……弟子之沮是議，非沮其宗旨也，沮其手段也。」另外同年九月初七日徐勤給康有為的信也表示：「今日中國欲行荊、聶之事（本是第一要事），苦無其人。」（見《康有為與保皇會》一書）

這迫使康有放棄招誘死士之法，啟用黨人擔任暗殺之責。於是光緒三十年梁鐵君東渡日本，與梁啟超商討再次刺殺慈禧的計畫。同年九月十七日梁鐵君給康有為信（見《梁鐵君遺札》）云：

更生先生鑒：

迭發數函，內有四十四紙一函最詳細者，沿途種種辦法，想悉苑抵橫濱，（五月廿九起於六月初十到住港，三月□為至枉久候，士英殊可惱恨）（九月十五日到）偕默庵同行，與任熟商（其事詳任函），此刻定議，候士記愈乃能辦，太遲遲無期，不能不另圖擇人前去，朴池忠實有膽氣，速派其回東入西省，選擇好手數人來，以期速辦計，今年時日已趕不及，明年櫻花之會爛熳想不可定，計期士英亦愈得此助力，雖費多金（斷不可惜），亦該如此。弟偕默日間入津京，惟吾兄當速籌數萬之款，源源匯任，乃能接應，不然則前功盡棄，前費之款付之無用，白花心血耳。此頌

道安

煦頓首

九月十七由橫濱發

此信是梁鐵君和梁啟超（信中稱任，即任公也。）在日本橫濱的計議，信中提及的的默、剛、朴都是保皇骨幹黨人。默，乃陳默庵。剛，是梁子剛。朴乃羅璞士，名孝通，廣西會黨頭目。該信是要康有為速籌款項匯來，否則會前功盡棄。而梁啟超在同年十月五日給康有為的信說：「鐵老來此後所商各節，前曾略稟。今鐵老有一書詳言，不必再贅。現鐵、默、剛皆已行，朴亦日間決再往。鐵、英一枝，剛、朴一枝，合辦必得當也。惟現據鐵老所預算，最少為辦至明年四月實行時止截者，約須一萬元（為最省之數），而此間既已無存，現罄《叢報》所有，交彼諸人為行費，許以一月以後陸續接濟。蓋弟子苟不許之，則令辦事人寒心也。然雖許之，而實一文無存。……今日騎虎難下之勢弟子實屬焦慮，無法可施，惟望先生有以善其後耳。至此次，以如此之佈置，如此之人

才，實有可以成功之道，不成則真天亡中國而已。」雖經濟條件十分艱難，但大家仍然躊躇滿志，要奮力一搏。

同年十月廿三日梁鐵君回覆梁啟超信（見《梁鐵君遺札》）並請轉康有為云：

> 橫濱來信，已撥匯三千上光明，僕乃先送默庵下船，即附輪入津，擬安置各伴，並帶碧臣、唐增二人出都，在武昌開設商務，以羈縻此兩人故也，惟上游生意，非得子剛速行布置花園不可（計款六千，斷不能少），以備朴兄一切製造及進退之路也，現統計款項，既因武昌一局，多費數千，與前議不同。倘現匯之三千不足，希預匯三、二千交石芝處，俾得中途接應，至緊至緊，僕俟明年正月後，乃出長江，入都布置未晚也。
>
> 計期子剛花園，及朴兄藥料亦足，阿蓉與椒堂亦抵光明，然後再籌東洋車公司可也。頃閱報十月初七往園，乘小火輪，十月十二回宮，與皇上同坐小火輪到西直門，則沈慶亭處甚為重要矣。東洋車公司已託晴生與沈慶亭謀之，若洋車不成，即薦人入小輪船，如朴兄者亦可成功。總之多備資本，款項充足（至少五萬乃足），我乃有辦法，若不接濟（如今年電港不應，我不能不行），我不能為無米之炊，雖極好文章，亦付之流水。今年已失去數月機會，明年預布，豈可失之？子剛沈毅有謀斷，朴兄忠勇可靠，除此之外，椒堂尚不肯任事也。如默庵臨事變性（我原意安置東洋，而公不會意），則又豈僕所能逆料哉。餘詳子剛兄

面談，不贅。此頌，大安。　兩渾。（儀侃可用，而遠在數萬里，必調君勉往接其手，速其回來，口禱可與子剛謀之）

閱過此函可並寄先生。

十月廿三日口。

此信談到未來將在京布署之情形，用了許多暗語，如設置子剛花園，學者李永勝指出那是暗殺的機關，其其主要任務是「備朴兄一切製造及進退之路」，即為人員活動和彈藥藏匿之處。光明、東洋車公司均為梁鐵君所設機關。「若洋車不成，即薦人入小火輪，如朴兄者亦可成功」，實際是說暗殺慈禧的地點和方法。「洋車」何指，尚難解，或指慈禧所乘車。小火輪乃慈禧乘坐的豪華遊艇。而章士釗曾問過朱啟鈐此小火輪為「日本三菱公司所承造，馬力大，吃水深，僅能駛至高粱橋閘而止，自高粱橋以達倚虹堂，需換另一小火輪賡續駛行。」從信中，我們可以瞭解梁鐵君及其他暗殺團體成員的一些活動情況。梁在武昌、天津、北京等地設立多處機關，對宮內帝后行蹤也瞭若指掌。信中還談到了在籌款方面所費周折。「電港不應，我不能不行」，章士釗認為當指香港華益公司，並說：「揆厥詞意，爾熙貫通南北，大展經綸，大有捉襟見肘、錢不應手之慼。」

到了光緒三十一年年初梁鐵君又有給康有為信（見《梁鐵君遺札》）云：

更生先生鑒：

到東洋十日，籌議辦法，任已無款。前款數千，盡辦炸藥矣。阿蓉既病不能行，人才寥寥。適朴池在日本同辦炸藥，已略有頭緒，但未經試驗。茲即著樸回東擇地試驗，倘可用，即帶來都，頃先派子剛入都辦花園（以為藏人製炸藥進戰退守之路），在京第三站火車頭左右設花園也。計期，盡十月內花園大概成功，朴池試驗亦回。如不可用（試驗過，不成功），即偕智若走西省，覓好手數人來津，入子剛花園住，以為常久辦法。頃僕偕仳默庵同行，先到津候椒堂運貨運人，以默常駐津局，接應一切。僕到京後如何，再有辦法，容後詳。此刻任電借商款五千（港局存保皇會款約六千，則祐季雨持以還商會者也。可將此款撥還，則並未借到商款也。），倘吾兄有款即匯任處，無庸匯港，今已割棄，港滬專注津局，以任為糧台耳，共計明年預算亦不過三萬金（現預算只計十五萬耳），惟辦東洋車公司，及有大筆則不能料，吾兄只任籌款之。

信中「朴池」乃指羅璞士，說他在研發炸彈，已有頭緒，只是尚未試驗。而梁子剛則計畫用十月時間辦成秘密機關，等羅璞士試驗成功，將炸彈運往北京藏匿。但若試驗不成功，則讓羅璞士回廣西（羅為廣西會黨頭目）「覓好手數人來津，入子剛花園住，以為常久辦法。」是梁鐵君採用雙管齊下的辦法，除以炸彈炸之，還要招俠士伺機行事。關於羅璞士，梁啟超在光緒三十一年六月下旬（案：《梁啟超年譜長編》將此信誤為光緒三十年，今從學者李永勝之說更正）給蔣觀雲信中說：「頃有一大失望之事，友人羅璞士者，前曾與渙卿言其人，想公間接聞之。此公去年來東學爆物及催眠術，學成歸，方將實行。而此公昔本在廣西運動占勢，近在粵與西黨中一重要頭目通電，為吏訶悉，客月初間被逮，此間極力營救無效，於月之廿三，繼兩瀏陽（案：指譚嗣同和唐才常，兩人皆湖南瀏陽人也。）而去。弟為此事苦痛不可言狀。此才真不易得，蓄志十年，一事不就，竟以此死，彼蒼之虐，一何甚耶。公聞之，想亦為一哭也。」羅璞士在光緒三十一年六月因通電洩漏在粵被捕犧牲，這對在京同志來說，損失之巨，實在難以估量，而炸彈也可能沒有製成。

又梁鐵君給康有為另一信件（見《梁鐵君遺札》）云：

〔上缺〕至辦東洋車公司多籌三萬之款，其中大有深意。一可多藏人，為遍地布滿營壘之用；二因吾輩到京籌辦萬壽山□然軒，殊令人疑曰：云承辦鐵路礦務大生意而一無所辦，令人生疑，不如仍辦些東洋車公司以掩眾人之耳目。且其大權推出公眾任人入股（我獨私薦二、三十人拉車，可絕無形跡），吾輩以三萬元為底耳，若外股多，則不用三萬也。日日有生意做，易於藏身，不令人疑此，僕擬辦東洋車公司之意，易於混跡。現已託晴生轉託管那拉小火輪船之沈慶亭問慶王（其路極近，可面談，因慶王之婿為督辦也。），已略有眉目，僕在京或作此東洋車等商務，交通更易，且此項商務斷無虧本，必有大利，可以持久辦去，

不用添本者也。又及　第六紙

凡此以上六紙種種，皆就今日現在情形言之，其或天假之緣，別有機會，可辦大舉奪門，僕難預料。

為掩人耳目，梁鐵君開辦東洋車公司，頻繁展開公關工作，甚至與那拉小火輪之管帶沈慶亭都有密切往來。

四、案發前的最後消息

而從光緒三十一年下半年起到次年五月間，由於目前沒有書信等材料出土，因此無法得知詳情。光緒三十二年五月二十日梁鐵君有信給康有為（見《萬木草堂遺稿外編》下冊）云：

大庇先生鑒：

五月十三日，乾清宮召見義國親王後，回頤和園平安，連日傳戲。十六日馮仲平入園，該班內裏一切無事。十七日仲平偕建如回城府，金蔚九仍在頤和園值班。十八日建如來京，天利木廠金宅暢談，盡悉一切。弟囑建如覓姚煥卿，曾往馬總管房，適其外出，不獲見面。

王漢章在上左右，公事多，不能行開，都未見面也。此刻漸漸運動，以祈交通，必能辦到妥洽。惟自昨年八月後，門禁加嚴，內裏人概少出來，即朗秋亦至今未有見王漢章、姚煥卿面矣。獨太醫院、內務府兩路能常通消息耳。蔚九在內，有事則以德律風告我，若有要緊事必知之。五月十九日建如回城府，廿二日入頤和園該班，云廿五日再來。五日一班，故廿二又是該班也。上在南海，常住瀛臺。老佛爺則住新建之洋樓後座，外座即召見洋人之處也。

南海及頤和園，此刻無閒人，不能遊矣。弟遊中海，苑門外十字街景和軒處尚能來往，西華門外中間一路如故，可以走通，但不能入苑門耳。

都中學堂極多，私立者五十餘處，袁世凱所開直隸學堂尤多。

茲定期十日一報，自五月廿日起發第一號，五月卅日發第二號函，倘有緊急事，則另發不列號函可也。

梁鐵君通過北京警廳西分廳四區區官范履祥（信中稱朗秋）的幫助，來與流亡在外的康有為、徐勤等人通信，並報告行動進展的種種情況。他通過照相及賄賂等方式結交姚煥卿、王漢章、馮仲平、建如、金蔚九等太監，與內廷溝通消息，瞭解慈禧的行蹤。金蔚九甚至還可以用德律風（電話）和他聯繫。只是自昨年八月後，門禁加嚴，使得計畫不得不一再推遲。其時北京人對於照相這個新玩意最感興趣，宮裡的太監更喜歡拍個真容掛在房間，留為自己欣賞。香港掌故大家高伯雨說：「不知有甚麼人向頤和園一個尚衣監馬總管（尚衣監是宮裡管皇帝衣服的一個單位，其總管為四品）吹噓，說開在燈市口那家新的照相館技術最好。馬總管親往拍照，甚感滿意。鐵君便竭力巴結馬太監，幾乎要義結金蘭。兩人往來漸密，並由馬太監帶他入頤和園四處拍照。」

而五月二十四日梁鐵君又有信給康有為（見《萬木草堂遺稿外編》下冊）云：

大庇先生鑒：

五月二十日發第一號函後，建如往頤和園該班，廿四日來京面談，云：皇上連日有病，即早二十四全順、忠動二人值。（全順號誠。忠動號元臣。）所開脈論抄列如左：

皇上脈息，左寸關沉弦，右寸關沉滑，肝陰未實，脾元尚弱，動作仍覺頭目眩暈，穀食消化尚慢，謹議理脾和肝，化濕之法調理云云。

西洋參　杭芍　桑皮　大麻仁　兔絲餅　雞內金　川貝　棗仁　炙香附

即日晨早開單後，建如回京有事，晚上仍回萬壽山該班也。據云，上病已痊，不過要調養耳。六月初可以不用服藥矣。自五月十三日往萬壽山時，已略有微恙，十八、十九等日均請脈服藥，與今日廿四所開之單，略有加減，其大意則同也。上之身體，總是虛弱，前四月廿六、七、八等日因傷食病甚危，急用大黃瀉下，乃得平安，至今仍是調養耳。老佛爺亦於五月十八、九等日有病，服木香、砂仁、枳殼、香附、當歸等藥，近已全愈，精神復元。日來議遷往排雲殿，故蔚九連日差事極忙，因辦排雲殿一切鋪墊修飾等事，未能回京也。老佛爺住排雲殿避暑，皇上仍住玉瀾堂耳。是日建如回京，所談如是如是。即日返頤和園該班。餘俟建如回京乃知一切。

再者，北京巡警，現議盡派天津警務學堂畢業（旁注：三月速成）學生充當。朗秋恐失差事，不敢離開也。此頌大安。道頓首。五月二十四日泐。不列號函。

此信甚至連皇帝診病的藥方都可開列齊全，足見他已經和宮中太監聯繫之密切。信中有關光緒皇帝生病的情形，一定令康有為心情澎湃不已，所以康有在〈哭亡友烈俠梁鐵君百韻〉詩云：「聖主起居注，一一來報商。」也顯示梁鐵君掌握一手消息。

而六月十二日梁鐵君有信給康有為（見《萬木草堂遺稿外編》下冊）云：

〔上缺〕所以推心置腹，成為通家矣。仲平與書田均勸我捐官，彼有道路，為我想法，可得好處云云。蓋書田與老醇王至好，醇王之墨蹟懸掛壁中甚佳（寫翁方剛一派），今始得見之耳。小醇王是其世誼矣。如大總管皆相信，極密誼，溥同與其常來往，認識內廷人貴人最多。仲平勸我必要歸宗為是，書田亦然，且談起戴鴻慈有親誼，及家叔伯□。書田勸我當用本宗，好交遊，易辦事也。王漢章上之至親信，醇王濤貝勒，上之胞兄弟，皆可以在書田處結交。

一、今日事不必為駱賓王，寧為狄仁傑耳。前事切勿重提，但祈成功，何論辦法。

一、□□□到，亦在北京報。（此報萊蓀所辦，慶王、袁世凱皆有巨股在內。）萊蓀交遊官場極熟，（常在慶、袁處。）此人我辦官後乃見之耳。通孺常來談，惟萊蓀尚不知我也。餘俟再詳，此頌大安。道叩。六月十二日，不列號，共七紙。

此信原有七紙，目前已佚前五紙。其中有「今日事不必為駱賓王，寧為狄仁傑耳。前事切勿重提，但祈成功，何論辦法。」駱賓王，討伐武則天者，狄仁傑，則是輔佐武則天者。在此以武則天代指慈禧。此時梁鐵君已經意識到形勢發生變化，並改變策略了，「前事切勿重提」的「前事」似指謀刺慈禧。而「但祈成功，何論辦法」似指實行所謂「辦官」，即捐官和交遊官場。此時整個行刺計畫已經有所改變了。甚至到了六月十八日梁鐵君仍有信給徐勤云：「此後切勿亂動，京中大老無人忌長者矣，從此和平辦去，則開復之期不遠矣」。（見徐勤光緒三十二年八月三十日致譚張孝（良）信中所引，見《康梁與保皇會：譚良在美國所藏資料彙編》一書。）

五、事洩被捕及酖殺獄中

而就在梁鐵君給徐勤信的隔天，也就是六月十九日梁鐵君就被捕了。據康有為在跋文中說：「君易姓名為吳道明，而戴文誠為君至戚，鄉士夫多識之。以詭姓名被疑訝，為怨者貪功被捕。」而據梁鐵君之子梁元的說法：「顧爾煦有舊識粵人朱祺（案：當為朱淇），在楊以德（案：天津探訪局長）部下任偵探，偶於天津衢市，彼此相遇，朱甚駭異，苦加詰問，爾煦語塞，因據實以告。夫爾煦者，一心無城府人也，朱既佯和其說，爾煦亦竟與嬉遊無間。以致朱得乘間抵隙，搜出爾煦密碼電本及其他秘件，為賣友求榮地，聞爾煦在京驟爾被捕以此。」此說是根據梁鐵君六月十二日寫給康有為信中提到棻蓀，即朱淇，因此把梁鐵君的被捕與朱淇告密聯繫起來。但據章士釗後來訪問當時任任北京外城警廳聽丞朱啟鈐，朱啟鈐說：「朱淇經營《北京日報》，以貪詐知名於時，其時與楊以德有所酬醋，自在意中。顧楊以德雖充天津探訪局長，其時未能大露頭角，趙秉鈞帳下一小卒而已。謂彼與朱淇合從，搜出吳道明密件等，似不可能是事實。」而梁鐵君死後不久，梁啟超在同年十一月給康有為信還說：「鐵事是否紫陽（案：代指朱淇）所構，今尚難斷定，然據秉三（案：熊希齡）言，確是一店伴告發，似未必由紫陽也。」

但據章士釗訪問朱啟鈐得知：「查吳道明之被捕，由提督衙門偵緝隊，懷疑宮監與照相師行蹤過密而起。時九門提督為那桐，案送南衙偵訊，又往燈市口照相館搜檢證據，發見履祥有同黨勾結之嫌。外城警廳初知案連本廳之嚴重性，而開始認真偵察。履祥（案：范履祥，即梁信中稱朗秋者）供稱：與吳道明朋友往還是實，平日知其為康門弟子，至真實姓名為何，委實不知，供詞十分狡展。尋於糞坑內覓得殘餘半毀信件，知吳、范彼此投遞緘札甚密。又外國通過客郵到達北京之書函，大抵由范經手，諜報嫌疑，軒豁呈露，而履祥與吳道明併案發落支局以定。」

梁案發生後，京津各報怕得罪朝廷，都不敢報導，唯獨彭翼仲的《中華報》獨家採訪報導，後來彭翼仲也因此獲罪。學者李永勝根據《中華報》的報導，結合朱啟鈐說法，理出事情經過：梁鐵君光緒三十二年六月十九日被捕。第二天，范履祥被捕。先在提督衙門審訊三日，然後，交外城巡警總廳。六月二十七日，兩人被押往天津韓家墅講武堂內審訊。七月五日，兩人被解往天津，由袁世凱親訊。然後，二人被分別解往馬廠陸軍第四鎮和滄州淮軍巡防營。七月七日，袁世凱進京。七月十三日，二人被處死。

據《中華報》的報導，袁世凱親自審問。梁鐵君在堂上侃侃而談，說到緊要之處，袁世凱竟汗流滿面。（案：袁世凱怕梁鐵君揭出他自己與光緒帝及維新派人士秘密交往的舊事），趕快停止審訊，命人把他架了下去，解往馬廠陸軍第四鎮。報導云：「七月十三日上午十鐘，該鎮忽接到京中密碼急電。著將吳某（案：吳道明，即梁鐵君也）處死，限一點鐘事畢覆電。四鎮執法官陸某知吳豪傑之士，斷不用他人動手。當將來電示吳。吳云：既如此，速拿毒藥來，以了君等公事。陸以他種毒品均不能速死，乃向人和鎮藥鋪購紅礬三錢（人和鎮即馬廠首村，統制衙門在焉。藥鋪名生春堂，鋪東劉姓）。鋪果因係毒品不敢出售。後經護兵告以原委，始敢賣給護兵。回鎮後，當即研開，吳一飲而盡。腹中不受，當即吐出。吳云：可急速多買，復買五錢，飲下不過數分鐘，即疼痛難忍，就地亂滾。不到一點鐘，七竅流血而死。於十二鐘覆電：吳已處死。執法處乃飭人買薄棺一口立即殮埋於馬廠南圍門外亂土內（該處有官地一段，專埋正法兵丁及由津解往處決之盜犯）。外邊則咸云得急症死。而范在滄州，亦同時處死。」

六、康有為等人的反應及影響

據伍莊（憲子）在《梁鐵君遺札》的題跋（一九三七年所題）云：「鐵丈遇難於光緒三十二年丙午，當時天津友人電港報告，電文為雪鐵遇難等字，雪字原屬上讀收電人之名，即雪庵（案：徐勤）也。鐵字屬下讀指鐵丈。不意譯者粗心將雪鐵二字連讀，予筆名為雪鐵，遂驚心為予遇難，後始知乃鐵丈也。」而其所著《中國民主憲政黨黨史》亦言：「七月十三日頒預備立憲詔書，是日亦為憲政黨人沉痛紀念日，蓋烈士梁鐵君於是日在天津遇害也。自戊戌政變後，西后幽皇上於南海之瀛臺，山東俠士大刀王五原受康有為之命，擬至瀛臺救上，經營數年未得手。梁鐵君欲繼王五之志，易姓名為吳道明，入頤和園，有所謀劃，不幸事洩被捕。將興大獄，戴鴻慈（案：戴鴻慈與梁鐵君有親誼）曾設法營救無效，梁鐵君忽於七月十三日被酖殺於獄中，袁世凱實主之。」

當時康有為在德國柏林，他在八月十二日給女婿麥仲華（曼宣）的信云：

> 各書收。得電鐵君（七月十三日）已暴死於獄，嗚呼！痛哉！痛哉！鐵老竟為我而死，此次正得其手書兩道，乃絕筆矣。痛斷欲絕。即可寄此往港壽文等，恤其子女可也。明早為六烈士殉難之辰，前年設祭於柏林，今又再哭祭於柏林，旅人漂泊，觸續生哀。此告曼宣並示君勉、壽文、鏡如、少閑弟
>
> 更生八月十二日
>
> 匯上海橫濱救鐵老之三千元，除用外即以恤其子女可也，可以此示任、楚諸子。臨書泫然在柏林客店祭畢發。

康有為後來更有〈哭亡友烈俠梁鐵君百韻〉詩，繪聲繪色地描述梁鐵君當堂痛斥袁世凱的場面，所謂「君作漁陽撾，擊鼓目睒睒。袒衣罵權奸，數罪如鐘撞。謂言聖恩厚，自臬遷侍郎。」、「權奸雖梟雄，聞雷汗如漿，四將陪之下，優禮邀宴觴。毒謀加鴆酒，毅魄返帝旁。柏林夢見君，玉立而上揚。」，其實很多情節都是康有為所臆造的。學者李永勝也指出：「康有為等人為了政治

需要，把梁鐵君赴死情節添枝加葉渲染一通，把梁被迫服毒說成四將陪飲，並製造出梁鐵君斥責袁世凱的慷慨激昂的場面。」其實在梁鐵君甫逝不久，同年十一月梁啟超即致信康有為云：「鐵事確於吾黨前途無甚窒礙，此事本初（案：指袁世凱）極能回護，令都中人若無其事者。」學者夏雙刃認為顯然康、梁對袁世凱沒有將梁鐵君案擴大化，是持相當感激態度的。康有為且迫不及待地想通款袁世凱與徐世昌，被梁啟超勸說乃止。梁啟超同信云：「先生言欲寫信與本初或菊人，大可不必，本初他日不憂其不聯我黨，惟彼現在當畏讒憂譏之時，宜勿授反對黨以口實，更至生他障也。」至於後來卻又大罵袁世凱，夏雙刃也說：「直到後來，康、梁通過熊希齡向袁世凱索求贊助，被袁斷然拒絕，康有為才放棄了對袁的幻想，其哭梁罵袁之詩，也就脫口而出了。」

康有為在戊戌維新失敗多年後，其實已經無能挽回敗局的，刺殺慈禧也無實質意義。但康有為流亡國外活動中，在華僑中募捐了不少經費，如果不有所動作，難向捐款者有交待，故一直指令梁鐵君等組織暗殺慈禧的活動。章士釗對此事評論說：「如實論之：保皇黨處心藻飾爾熙之烈俠，從而裝點門面。高一層言之：使其死事有足供後人逐款憑弔之故實，與之相配；低一層言之：向美洲捐款華僑作報告，亦應有表裡相稱之歷史資料，饜飫人情。」因此章士釗認為梁鐵君案「起於保皇黨人謀泄戊戌政變之憤，同時為華僑捐款設一開支項目，以塞眾望而闢利源，毫無疑義。」而梁鐵君到北京活動跡近招搖，「上而提挈大小宮監，以照相或其他西洋小術煽惑內廷；下而創開公司，如花園、東洋車等項，棋布南北通都，樹立群眾聲勢。三兩年間，揮斥巨量金錢，外匯源源不絕，寄件通過客郵，本邦檢驗無從。主持人自恃豪邁，欺秦無人，掉鞅王城，隱現彷彿。此縱無宵小朱淇輩之生事告密，或北衙緹騎之努目凝視，燎原之火已成，破敗事有必至，秘密形諸眉目，路人一望而知。」章士釗還透露，梁鐵君犧牲之後其子梁元於次年赴英倫，欲見康有為討論父親的善後，康有為居然不見。章士釗感慨道：「死生之交，不及市道。」不過章士釗又說「鐵君不幸為宵小所賣以死，然卒以此一死也，而聲揚於天下後世，不可謂非不幸中之大幸。」

而梁鐵君案卻也給康梁保皇黨人的活動帶來不少麻煩，從光緒三十二年八月三十日徐勤給譚張孝（良）的信即可清楚地看出。信云：「鐵公為吾黨第一運動家，今遭不測，實為可痛！且因此生大阻力。端方與榮、慶商量，請開復卓如，因此事，故不果。趙爾巽與端方擬在京開日報，特聘狄楚青主持，今因此，又不能北上矣。麥孺博（案：麥孟華）亦因此不往東三省。故此事之變，同人謂『小戊戌』，誠哉！誠哉！」（見《康梁與保皇會：譚良在美國所藏資料彙編》一書）

梁鐵君遇難日，也是清廷宣佈預備立憲之日。康有為詩云：「詔書立憲日，烈俠舍生時。」對於此次的行動失敗，學者桑兵認為康、梁雖然對「鐵老竟為我而死」感到「痛斷欲絕」，但慶幸「於吾黨前途無甚窒礙」，「不以此牽及全域，尚不幸中之幸也」。反倒像是卸下了一個費力不討好的大包袱。從此，康、梁完全拋棄了刺殺慈禧的計畫，一心走上組織政黨的道路。就如同前引徐勤給譚良信所言：「今日只有篤守鐵公遺言，一面專力實業，一面專派遊學，才、財已足，則政黨之基立矣。吾勢力既足，政府不能不用我也。」

劉士驥命案中的康有為與梁啟超

一九〇九年（宣統元年）五月二十七日（陰曆四月初九日）傍晚，曾任廣西補用道，現為廣西振華實業公司創辦人的劉士驥在廣州城內永安里寓所，被八名刺客刺殺（其中四人把守街口、宅門，另四人自稱香港華益公司說有要函和食物送上，得以進入劉宅，抓住他連捅七刀），當即斃命。他兒子劉作楫後來在《劉士驥哀啟》中說：「先府君彌留時，猶呼曰：『吾為國，徐勤買賊殺我！』語畢而逝。」消息傳出，震動了全國，當時輿論有多種猜測：一是歹徒謀財害命，二是黨派傾軋，或為保皇派所殺，或為革命派所殺。兩廣及南洋、美洲華僑紛紛聯名上奏朝廷嚴懲兇手。為此，劉作楫將劉士驥的日記，康有為、梁啟超、徐勤等與劉士驥之間的信函和電報原件影印成冊，題為《劉士驥哀啟，附先府君往美招股日記，拒絕惡賊康有為、梁啟超、徐勤等攘奪振華公司款項來往函電》，公諸於世。清廷初時也表示劉士驥是為公捐軀，要嚴緝兇手，但最終此案卻不了了之，至今仍是一樁懸而未決的歷史公案。

劉士驥（一八五七～一九〇九），字銘伯，號鳴博，廣東龍門縣人。清光緒十一年（一八八五）選為拔貢，光緒十五年，劉士驥在北京結識了康有為，成為至交好友。光緒十九年他考取恩科舉人。光緒二十一年，他參加了康有為發起的「公車上書」，光緒二十四年（一八九八）戊戌政變後康有為及時逃脫，並流亡海外。光緒二十五年康有為在加拿大組織「保皇會」，自任總會長。而劉士驥不相信康有為會「謀逆」，不顧生命危險，作《戊戌公案》一書，為康「辯冤」。光緒二十八年他應經濟特科時，又大膽地上書請求開放「戊戌黨禁」，赦免戊戌案內各員之罪，撤消緝捕康、梁等人之令，讓康、梁黨徒回國。同年十月劉士驥署理廣西永淳知縣，開始顯露傑出的教育才能。次年，劉士驥與李壽田、林鉞、譚錫光等策劃改興賢書院為龍門官立高等小學堂，發展新式教育。時任兩廣總督的岑春煊對劉士驥留心學務、熱心教育早有耳聞，於是聘他出任兩廣學務處查學委員，在這期間，他籌辦兩廣優級師範學堂（中山大學前身），為創辦經費上下奔走，對嶺南名校的創建做出了不可磨滅的貢獻。光緒三十二年（一九〇六），岑春煊還會同閩浙總督奏派劉士驥往南洋視學。他出洋三年，遍歷南洋荷屬、英屬數十埠及印尼、馬來西亞、新加坡等地。在南洋視學期間，劉士驥受到「保皇會」的熱烈歡迎。他們將劉士驥以「為極同志之人」對待，禮遇有加。當時保皇會的骨幹人物歐榘甲（一八七〇～一九一一）在南洋群島活動了兩年有餘，結識了不少的僑領富商，於是歐榘甲向劉士驥提出了興辦實業的計畫。劉士驥回國之後，應廣西巡撫張鳴岐之招，入其幕中，負責地方自治局的工作。

歐榘甲，字雲高、雲樵，廣東省歸善縣淡水客家人。他於一八九一年成為康有為弟子，是萬木草堂最早的康門弟子之一。一八九五年，歐榘甲隨康有為赴北京參加會試，協助康有為組織「公車上書」。變法失敗，康梁逃亡日本，歐榘甲亦隻身東渡日本到橫濱大同學校任教，協助梁啟超編

《清議報》。一八九九年，歐榘甲等人在東京籌設東京大同學校，學生有蔡鍔和范源濂等原長沙時務學堂的學生。同年七、八月間，他和梁啟超等人聯名給康有為上〈上南海先生書〉，主張兩黨合作，並勸康有為「息影山林，自娛晚景」，僅僅保留名義上的領袖地位，而不要再干預晚輩的具體事務，因此被康黨保守派蔑稱為「康門十三太保」之一。為此，表面贊成合作的徐勤和反對合作的麥孟華見狀，分別馳書到新加坡，向康有為告變。康有為收到勸退信，怒不可遏，嚴辭申斥，立派人攜款赴日，勒令梁啟超即往檀香山辦理保皇會事務，不得延誤，此乃康梁師徒發生政治矛盾之始。一九〇〇年，鄭士良在廣東三洲田起義失敗，歸善縣知事擒獲首領何某供出歐榘甲是起義的主謀，此事也成了康有為日後攻擊歐榘甲的最佳證據。一九〇一年，遭清廷懸賞通緝的歐榘甲不得不離開澳門，回到日本，很快又被康有為調往舊金山主持保皇黨機關報的《文興日報》，任主筆。不過一年功夫，《文興日報》躍居美洲第一流的華文報紙。一九〇二年，歐榘甲又與唐瓊昌、朱三進等創辦致公堂機關報《大同日報》，歐榘甲任總編輯並以「太平洋客」為筆名。連載一篇五、六萬字的長文〈廣東獨立脫離滿清羈絆之說〉，分載數十日，主張廣東獨立及脫離滿清之必要，大為讀者歡迎。這組政論文很快由日本橫濱的《新民叢報》轉載，並由新民叢報社印成了題名《新廣東》的單行本出售。此書又令他被康有為嚴詞斥責，有「雲樵離經叛道，應逐出門牆」之語。康有為又致書歐榘甲說：「得汝書，頭痛不可言，汝等迫吾死地」，「惟有與汝等決絕，分告天下而已」。此時徐勤立即寫信給康有為說情，云：「請留之勿失人心」，又說歐榘甲辦《文興日報》有功，促進保皇會的事業，而「今稍以言語出入之故即見逐，則使人人自危，貌合神離。」一九〇五年，歐榘甲應《南洋總匯報》之聘前往新加坡。一九〇六年，因在新加坡營救惠州知府陳某之親戚，陳知府感恩之餘，乃稟呈兩廣總督岑春煊解除歐榘甲因戊戌政變的通緝令，因此歐榘甲得以重返廣東，此時他正準備與南洋僑領胡子春合作，組織農墾公司，開發瓊州。開發瓊州的計畫未能實現，歐榘甲乃轉而向廣西天坪山開發銀礦。

晚清推行新政，鼓勵實業，廣西產銀，但清廷沒錢開礦，於是吸引僑資，開辦實業成為地方官員的「政績」。由於歐榘甲向劉士驥提出興辦實業的計畫，於是一九〇七年十二月間劉士驥聯絡了歐榘甲、梁應騮（少閑）、葉恩（惠伯）、劉義任（章軒）等「保皇會」骨幹到廣西，謁見巡撫張鳴岐，確定創辦振華實業公司。清政府對於振華公司寄予了厚望，據《清實錄》記載，政府希望藉此樹立「內地實業模範」。歐榘甲並制訂了吸引僑資回國興辦實業的計畫，其中云：「創設振華公司，擬承築梧州、封川鐵路，行駛梧邑輪船，開貴縣大小天坪山銀礦，至貴縣郭北七里橋一帶荒地，並設勸業、儲蓄各銀行，以作內地實業之模範，兼樹華僑歸國先聲，並已備有股本一百萬元為基本金，擬再前往南北美洲各埠，號召素懷愛國之僑民，共集華股三百萬元。並據聲明，此次擬辦各業，係為祖國回收利權起見，斷不滲入洋股。」廣西巡撫張鳴岐也明確承諾，對振華公司給予三年免稅等優惠政策。

一九〇八年夏，經清政府批准，張鳴岐委派同為振華公司創辦人的劉士驥以廣西候用道身份並率歐榘甲、梁應騮、葉恩、劉義任等人赴美洲向華僑招股。在同船赴美的還有一位「保皇會」的成員、「康門十大弟子」之一的梁朝杰（伯雋），後來他寫成〈振華公司在美洲招股始末真相〉，是相當重要的文獻，現藏於美國加州大學柏克萊分校族裔研究系圖書館（應該是伍憲子的收藏），本文根據伍憲子所著《中國民主憲政黨黨史》的摘錄和學者高偉濃在《二十世紀初康有為保皇會在美國華僑社會中的活動》所引用的該文件來做說明。梁朝杰文中云：「戊申之夏，僕遊美國，與劉鳴伯（士驥號）同舟，坐談於船上。鳴伯極表其生平佩服康梁之熱心，及其為康梁盡力之事。」

但對於此次的招股，康有為和保皇會是緊盯著，甚至想要掌握整個振華公司的主導權。然而歐榘甲、葉恩等人或是出自康門嫡系，或是早已是保皇會的成員，但由於他們先前都和康有為有著諸多矛盾，也為此行埋下分裂的危機。根據劉士驥的日記，一九〇八年七月十一日（案：日記作六月十三日，是陰曆）船到神戶，上碼頭，梁啟超委人在碼頭候接，晚上吃飯時「任公言長壽卿、湯覺頓入京係密謀運動康南海及伊返國，若有二、三十萬金，則容易行事，如一時應急，振華公司能招呼否？予實對以未能。」其實早在同年五月三十一日康有為即有寄信給劉士驥，只是該信被擱置甚久，信中還附有一密函言「葉、劉、歐三人，有自立之心，自利之意，非為黨事，如得大利，後亦背吾」，因此康有為要劉士驥把振華公司的財權交給他的心腹愛徒湯銘三、陳煥章兩人來共同掌管。尤其是到了八月底，振華公司所到之處，「僑民歡迎，股份雲集」，此時康有為更急於掌握公司的財權，以救保皇會的燃眉之急，他再次寫信給劉士驥一切要「為黨事計」，他甚至擬調梁啟超來美全權負責。

對於康有為的這些要求與舉動，劉士驥是斷然拒絕，並在九月二十二日記中寫道：「吾曩於斯人，為救國耳，非為其黨事也。此次密書，惟知有黨，未嘗有國，其情大可見矣。若從其言，振華立敗，可畏哉！吾十年迷信，至此為之破矣！」十月十四日徐勤還發來電報云：「振華應舉任（即梁啟超）主持，歐（即歐雲高）無庸任事。」劉士驥立即覆電曰：「來電斷不能行，切切勿發此議論。」

但從另一角度視之，劉士驥等人的招股成功，也是靠著保皇會。梁朝杰就說：「及抵溫紐兩埠，鳴伯為振華招股事，蒞場演說率先恭維會眾，次稱頌南海，以為鼓舞。」又說：「在溫哥華時，鳴伯嘗言，非恃有憲政會之力，吾何敢貿然來美招股，不見某侍郎之往南洋乎？空無所得而返。吾何人斯，敢蹈覆轍，其言如此，實本心之言也。」因此梁朝杰認為「以吾所見聞，振華招股，所到各埠，皆由憲政會招待。鳴伯所聚集者黨地，所交接者黨人，所談論者黨言。」然而劉士驥對此並不買單，他在十月十三日給姚吾剛撫幕的信，說出他的轉變：「曩惟信康梁能救國，故不惜犧牲一切以從之，然非附其黨也，故鄙名從未入黨籍。即今夏過横濱，任公謂入政聞社，人員甚眾，弟亦未列名於社。蓋知有國，不知有黨也。廣西實業，為救國要圖，康梁現未解網，若牽涉必立敗。弟雖至愚，抑豈不知。即未奉帥憲命，亦不復為。」十月二十五日梁啟超、徐勤、孟麥華、陸逸君還聯名打電報警告劉士驥云：「聞振華背議獨立，黨無涉，康師不能干與，駭甚。定宗旨、固黨勢，乃招股。」意謂若不交出振華公司的控制權，則將不能繼續招股。對此劉士驥立即覆電：「振華奏案，為國不黨」八字，抗議之。

其間康有為還分別在十月十一日及十一月二十七日兩度寫信給劉士驥施壓，劉士驥則在一九○九年一月五日在波士頓以長函致康有為，聲明「振華奏案，英美使臣出示勸股，不啻政府為之保護」，勸告康有為不要攻擊歐榘甲、葉恩等人，阻止振華招股，他口出重話云：「十年患難相從，一旦決裂，微論鋌而走險，未知鹿死誰手；微論彼數人所辦之事，奉政府之命，而攻之，欲破壞之，是政府之敵也。兄弟鬩牆，更招外侮。以義始，而以利終。以震驚海內外之文明大團體，而忽自相仇讎，以反對黨之四面楚歌，日日攻擊而未足，又從而受之口實。」此斷斷不可，他再三強調：「振華關係祖國實業，前途性命以之，苟有礙於振華，僕不能不以正當對待。」

據劉士驥一九○九年一月十五日的日記，記載梁朝杰與他談及他寫給康有為的信「太侮慢」了，劉士驥反駁說徐勤、陳士廉（介叔）的來信對他「侮慢尤甚」。梁朝杰辯說徐勤的信極和平，劉士驥則指出徐信咄咄逼人的四項侮慢語，梁朝杰為之語塞，最後梁朝杰終於爆料「康梁欲以振華款，救彼黨商務之失敗」。是康有為原本指望振華公司招股後可以從中挪款以救保皇會之危局，但他沒想到劉士驥一行從加拿大抵紐約後，就公開攻擊康有為並揭發保皇會內部的腐敗情形，在一九○九年三月二十五日康有為的外甥游師尹給康的信就說：「惟自振華人來後，則局面大變，人心大解，風潮四起，各事皆已發表，雖欲極力瞞演，萬無善策，楚歌四面，實難彌逢。」，「人心九成盡歸振華」。

這逼得康有為及保皇會十分惱怒，於是康有為擬定了反擊振華公司的三個策略：「一布告海內外報紙，攻振華招股主為黨棍以解散之；一由梁啟超致函堅帥（張鳴岐），言惠伯等為棍騙，使撤銷此事；一賄買御史奏參此事為棍騙，並參堅帥。」但這三個策略實行起來或會引起更大的內訌，而梁啟超也沒寫信給張鳴岐，總之是紙上談兵罷了。但一九〇九年三月底，保皇會向美國政府誣告劉士驥招股行騙。劉士驥、葉恩遂被美國警方拘留，後經清政府駐美公使出面交涉才被釋。

在「南長街五十四號藏梁氏檔案」有一九〇九年四月十二日康有為致梁啟勳信云：「振華大叛，明言不黨，初則日言黨黨，今則言不黨不黨，敢於明叛，似挾官勢，大奇大奇。蓋銘伯大奸人賣吾黨者也。誘得叛徒，又得二巨賈，有功者以售其奸為奔走，於是深入吾阻，而刮數百萬矣，益奸人之雄也，全黨皆為所賣矣。今雖能容之，後起者紛起，是引人人作叛，則誅之不可勝誅。」

一九〇九年五月十五日，劉士驥成功地完成了招股計畫後回到廣州，但不幸在五月二十七日被殺害。（沒過多久，公司另一創始人劉義任也驟然死於廣州，據說死於毒殺。）此謀殺案兇嫌當時被指一是康有為保皇會，一是歐榘甲。據學者賀躍夫〈劉士驥被刺案與康有為保皇會的衰落〉文中說，劉案發生的第三天，《國民日報》的社論就指出，劉士驥出洋招股，與保皇會「屢起爭執，互起衝突」，保皇會以不能達其目的，「遂深恨劉士驥，致釀成今日之殺機」。但八月六日廣協警署在河南窯頭鄉捕獲兇手駱木保，根據劉作楫的《劉士驥哀啟，附先府君往美招股日記，拒絕惡賊康有為、梁啟超、徐勤等攘奪振華公司款項來往函電》中有駱木保的供詞說：「於四月初七日，同何其武糾邀譚滔等一共八人，搭輪上省。何其武又帶小的到龍灣里鄭敬垣屋內過夜。初九日將黑時候，帶同各夥攜帶刀鎗，在河南僱艇兩隻，到五仙門登岸，每人給銀十元。旋到永安門首，經何其武叮囑，有鬚者即係劉大人，便可下手。小的攜物一笠，偽稱送信，賺門入室。小的瞥見有鬚之人，即拔刀刺之。即遁由五仙門過海，次日各附輪回港。由何其武交銀一百七十元與張聘，由張聘交銀三十八元給小的收用。」是駱木保供出其行刺是受何其武所主使。

何其武原名何望，梁啟超在一九〇〇年旅居夏威夷，與檀香山的一位華商之女何蕙珍相識相戀，何望就是何蕙珍的弟弟。同年他隨梁啟超進入保皇會，在日本的大同學校學習，改名何其武。後來他憑藉英語能力而受梁啟超的推薦，協助康門弟子徐勤、陳宜侃在香港和廣州辦理保皇會的報紙，並因在日本接受過軍事訓練，被稱為保皇會「大將軍」。徐勤對何其武相當信任，據學者賀躍夫引當時報紙披露，「近年來何在廣東之費用，皆徐給之，為徐第一得用之人。」如此一來，徐勤就成為主使此刺殺的重大嫌疑者。而學者羅福惠在〈日文檔案中的清末革命者和流亡者〉文中指出，日本駐香港領事八月十八日給外務省的報告稱，劉士驥攜款回到香港時，「本地保皇黨卻要求劉抽出其募集資金之一半，充入保皇黨之財政機關萃益公司資金中。其中徐（勤）之態度極為強烈，然而劉卻未答應此要求。」於是「徐某對此懷恨在心」，指使下屬何其武採取行動，何其武遂僱傭駱木保暗殺了劉士驥。事發後駱木保被捕，何其武「奔暹羅（泰國）」，「真正教唆者，《商報》記者徐勤」即「逃往布哇（夏威夷）」。徐勤是康有為的大弟子、保皇會副總會長，康有為不止一次高度評價徐勤的為人，說他「稟性忠純，專心一意」，他可以說是康有為最信任的弟子。因此學者賀躍夫推測當時徐勤正在香港，他是有條件來策劃此案件，而且何其武也長駐香港，徐勤只須給何其武指令，具體行動可由何其武來執行，當然這事一定要得到康有為的默認。但由於缺乏足夠的直接證據，一切都只能停留在推測上。

保皇會方面，不僅完全否認與劉案有關，康有為反過來攻擊歐榘甲、葉恩才是刺殺劉士驥的真兇。康有為指稱：「然歐榘甲等所圖者作亂也，劉士驥奉巡撫奏派，必不肯從亂者也，尚有同招股之劉義任者，亦殷商不肯同謀者也。歐榘甲以上通巡撫則有劉士驥為礙，下管庫則有劉義任為礙。」因此「既以四月派其心腹駱某刺殺劉士驥，又於七月毒死劉義任。」並說：「兇犯駱某吐露真供，稱去年供攀何其武，乃有人以三千元與之，誘令誣攀何其武，並非實事，亦無此事。」一九一〇年十二月，又有公開信批歐榘甲云：「不料近觀其行動，其狼子野心無少改變。當振華之初成立，彼即心懷不軌，頓萌私見，竟於振華公司外，另創一廣美公司，專招客籍人入股。今年當葉恩等由美回粵，彼又獨不同行，潛往各埠運動，其行蹤詭秘，令人莫測。今觀其與友人親筆密函，逆謀畢露，不亟誅之，彼必利用振華之資本以遂其逆謀，則不特我同志之血本無歸，大局亦不堪設想矣。」

一九一〇年底，康有為又親筆擬摺，請「督憲大人立拿亂首歐榘甲」等解省嚴訊曰：「振華公司巨款三百萬，藩庫尚不及之……歐榘甲詗知其陰事，故以招商誘張鳴岐，而張鳴岐以虧空救急，誤墮逆首謀亂術中。故以張鳴岐比之貽穀，罪尤過之。」又云：「乃葉恩、歐榘甲、梁應騮自居為總辦、司理，指揮經年，盜權據款，公然布告矣。……乃悟歐榘甲實為亂首，用孫文招興利公司商股，以亂惠州之策，借商謀亂，乃共惶駭於血本之誤落匪人，而鄉國之將興大亂也。」

而在另一份揭發張鳴岐受賄包庇歐榘甲據商謀亂買凶誣仇的證書中，康有為為歐榘甲羅織了更多的「罪狀」，甚至把歐、葉說成是隱藏在保皇會內部的革命黨。學者賀躍夫認為「凡此種種都可以證明康有為對歐榘甲等人的指控屬無稽之談，不能令人信服。康之所以要以謀反的罪名來攻擊自己從前的弟子，顯然是想借清朝官吏之手除掉保皇會的背叛者，同時也洗刷自己主使刺殺劉士驥的罪名，讓歐來充當替罪羔羊。」

此兇殺案引發了保皇會歷史上最嚴重的內訌和分裂，梁啟超亦受到牽連，被列入清政府的通緝名單。梁啟超於一九〇九年十一月五日給廣西巡撫張鳴岐寫了一封長信，自辯此案與己無關，他說：「數年來海外憲政會員所辦之商務，僕自癸卯（一九〇三）夏以後，即絲毫未嘗與聞。……良以此舉為僕所不主張，既不能持異論以尼其成，則亦置身事外而已。」說到振華公司，他則表示：「及振華議起，彼輩往桂謁公（指張鳴岐），以至奏明定局，僕亦毫無所知。」因此他駁斥道：「自審自振華發生以後，僕與彼所有關係，惟此一夕話（案：劉士驥出洋途經神戶那晚），及致南海詰其委信雲樵之一書，與鳴博返粵後致彼詰責之一書耳，此外則更無一毫因緣。今也公忽然無端橫拽，而誣曾參以殺人，試思天下果有此情理耶？」

另外他也幫康有為辯誣，信中說：「嗚博歸粵僅旬日而遇害，而其歸也，又忽然未嘗豫定其期，而南海於其歸前一月（時日不確記略舉之耳），已遊歐洲，當變生時方在埃及，又豈能於數萬里之外而預聞此旬月間所發生之陰謀者，此固可一言決耳。」

梁啟超在這封信同時也提及歐榘甲，有著相當嚴厲的批評：「他不必論，即以彼受南海二十年飲食教誨之恩，其稍立身名於社會，何一非南海之賜者？人有畜狗，猶不忍蹴踏，況於義則師弟，而恩猶父子者耶？而乃既擠之於前，復陷之於後，必期置之死地而後快，是尚得為有人心者哉。」但梁啟超話鋒一轉說：「僕之惡其人也，非自今日，而乃在五六年以前，嘗屢言諸南海，惜不能用也。」梁啟超指出由於康有為的重用歐榘甲造成今日的結果，是他在用人的主觀固執，意味著康有為不聽他的忠告，而執意要用歐榘甲，當自食苦果。

在此事件中，梁啟超是想竭力撇清自己，但康有為卻一定要追究他的責任。當整個事件塵埃落定後，康有為到了一九一二年二月還給梁啟超寫了「數萬言」的長信（目前尚存近萬言），其中說道：「惟汝手招者卅餘萬，而未向汝引咎。汝既言之，吾亦直告汝，今商務之敗固多端，亦非一人，而最甚者葉恩也。侵盜浪支卅餘萬（汝所募股卅餘萬，適足報葉招呼汝之費。）其數已算矣。無葉則雖譚張孝亦不能明盜（以有力也），何況它人？」葉恩字惠伯，是溫哥華著名華商葉春田的侄子。後來到香港主持保皇會商務之事，是梁啟超三番兩次推薦給康有為的。學者賀躍夫說：「葉恩負責香港華益公司，虧本十萬元，康有為追查其責任，葉很惱火；後來葉恩為粵漢鐵路招股入美，康有為令他『挪路款』於黨事，葉不肯，康又指示他『改招銀行或鐵路，葉不從』，而葉思要招股辦織布局，康有為也拆他的臺，使各埠紛紛追還股本二十萬元，『葉愈憤』。可見康有為與葉恩之間也已經互相不滿，積怨日深。」而學者高偉濃認為：「說到底，縱是葉恩錯有萬端，但他最大的錯，就在於香港的生意虧了，而且大虧。這對財政捉襟見肘的康有為和保皇會總會來說簡直是晴天霹靂！康有為的惱怒可想而知。」因此直到一九一二年，一切似乎已經事過境遷，但康有為仍耿耿於懷，而將此怨恨發洩到梁啟超身上，只因梁啟超是葉恩的引薦人。

康有為在信中對此悔恨不已：葉恩想做香港總商會會長，「親求我，面求璧（案：康同璧）與丙（案：梁炳光）轉求，吾皆不允。而汝到加，親受其情，親許之，至硬詞請吾電認，否則汝難堪。吾深知葉賭而無商才，以汝嚴硬，不得已從汝所請。及到加後，葉力請歸，猶不許。彼乃謂不干商務，只頂空名；與約法三章，乃聽其歸，又令子節（案：方子節，康有為表弟）管銀以制之。不料港人尊戴太過，又忌子節而排不許入，又既勉（案：徐勤）用閑（案：梁應騮）代之，皆壽（案：鄺壽民）聽其允之罪也」。又說：「但吾一切與汝共事，互有得失，吾亦從不肯諉過於人。試問商敗至今五六年，吾曾有一言以用葉委過於汝否？……汝可反躬思之，汝不迫吾認錯，吾亦不及此也。若當時破除情面，拂汝大怒而不受葉，則商務無今日之敗，亦無命案，且必開黨禁矣。」康有為痛責梁啟超看錯了人：「以汝之智，何受人些須招呼小惠，而付人以數百萬之大業乎？……

今茲百叛兼起，商務全倒，且命案支離，黨禁久遲，吾幾死，則皆一葉輾轉致之。」因此，康有為痛切地表示：「若必責我（商罪），則我最大罪為不能堅守拒汝之薦葉也。」

對於康有為的責怪他力薦葉恩，梁啟超是無從否認的。甚至籌設振華公司時，也可能是梁啟超將葉恩推薦給劉士驥的。學者張榮華認為康有為對振華公司內訌及商務失利原因的解釋有明顯的片面性，而對梁啟超的不滿是他在振華事務上的不合作態度，當年康有為擬定了反擊振華公司的三個策略，梁啟超卻置之不理，一條也未執行。對於康梁間的相互指責，由於資料的不完備，我們也無法斷定孰是孰非。但可以明確的是，康梁之間在振華公司問題上存在著嚴重的分歧。

劉學詢在孫中山、李鴻章、康有為之間

劉學詢在晚清民初是個謎樣的人物，他的多重身份，是進士、是賭商、是密使、是殺手，極具爭議性。他介入政治的層面極深，與清廷如慈禧、慶親王奕劻、張蔭桓、楊崇伊及譚鍾麟、李鴻章、張之洞，甚至革命派的孫中山和保皇派的康有為、梁啟超都有著千絲萬縷關係，他成為諸多重大事件的參與者或執行者或策劃者，從他的身影我們可以探悉一些事件的內幕。

劉學詢（1855—1935），字問芻，號耦耕。廣東省香山縣古鶴村人，與孫中山是同鄉，兩人相距只二十幾里。父親劉述庭曾經擔任瓊記洋行在漢口的買辦，後來又前往倫敦出任海外中資企業「肇興輪船公司」的「出洋總辦」。劉家的家底應該是相當厚實的。劉學詢在光緒五年（1879）考中舉人，七年後（1886）考中了進士，為三甲第一八三名，屬於榜尾，自然進不了翰林院。他也志不在此，沒有空等朝廷給他授官，就回到家鄉下海經商了。他經營的是賭博行業——承包「闈姓」賭博，闈是指秋闈、春闈，它是猜測科舉考試中姓什麼的考生能中榜。其賭法是，事先由莊家確定八十個姓氏，印刷成「刊單」發售，其中，分兩欄列舉了「小姓」、如周、區、胡、馬、麥等，和「大姓」、如陳、李、張等。「大姓」因為中榜率高，是禁止下注的，因此又稱「限姓」。下注人只能在「小姓」中圈選二十個，以猜中姓氏的多寡決定輸贏。開獎時，以一〇〇〇票為「一薄」進行查對，猜中最多的是「頭彩」，依次為「二彩」、「三彩」，「三彩」以下就是輸家。在政府第二次招標中，劉學詢承包了一八九〇年到一八九六年的闈姓賭博。凡賭必有「千」。莊家和大戶們為了獲取更大的利潤，當然要設法操縱賭博的結果，最常見的辦法，就是收買考官，有針對性地錄取一些僻姓考生，改變賭博結果，而自己則早已大量下注。劉學詢因此廣積財富，結交權貴，成為勢傾一時的廣州豪紳。當時國民黨元老馮自由在《革命逸史》中說：「劉包辦闈姓多年，其金錢勢力足以左右士子之成敗，及官吏之進退，典試者莫不仰其鼻息。」，恐非空穴來風。

光緒二十一年（1895）七月，舉人陶繼昌等數十人聯名對劉學詢呈控，並命兩廣總督譚鍾麟查明究辦，說他「行止卑污，性質狡悍，倫紀有乖，士林不齒，自接充闈姓廠商，交通官府，倚勢凌人；創辦劉園，並蓋造戲院，將附近小戶，迫令遷徙，又借施醫為名，在黃沙地方設堂，驅逐居民，陰圖侵地。其經手闈姓，侵吞款項，私抽經費，並有借端生事，魚肉鄉愚各情」。對於這些指控，劉學詢居然能神通廣大地化險為夷，譚鍾麟後來覆奏云：「雖非盡出無因，均不能切實指證，中惟家廟前改易水涌，未經稟官立案，殊屬不合，應請開復革職處分」。譚鍾麟顯然地轉移焦點，以家廟改易水涌這種小事，來為劉學詢洗刷罪名。同年十二月初三日任工「主事」的康有為就代江西道監察御史王鵬運草擬了〈疆臣篤老昏瞀措置乖方請飭查辦以安海疆摺〉彈劾譚鍾麟並涉及劉學詢，說譚鍾麟涉嫌收受了劉學詢的巨額賄賂，幫助劉學詢過關。奏摺中說：「革紳劉學詢為廣東巨蠹，曾經該省紳士數十人聯名呈控，復被糾參，經該督查辦奏革後，劉學詢以重金關說，求免根究。該督遂一味偏袒，揚言該革紳忠實可靠，粵人浮動，忌其多財，憑空誣衊。必令呈內聯名各紳，全行到案，與劉學詢對質，若有一人不到，即屬情虛，予為開復該革紳地步。是非顛倒，暗無天日，莫此為甚。」是譚鍾麟這種避重就輕的招數，被康有為發覺了，因此他在奏摺中暗示譚鍾麟收取了劉學詢的賄賂。這也是康有為與劉學詢的初次交手，卻也為日後終生恩仇，埋下導火線。

光緒二十三年（1897）四月第三屆的闈姓博彩承包人選，換成了韋崧、韋玉兄弟的「宏豐公司」。但其實在這家公司中，劉學詢占了一半的股份，韋崧、韋玉等其他七名股東分享另一半。同年七月，針對劉學詢的彈劾再起，他被「掌印給事中」文郁指控為「聲名甚劣，前充闈商時欠餉吞帳，虧匿國帑甚巨；參革後復賄通知縣許國榮等將現承闈商之押櫃銀兩扣留，率其弟劉學詮等引匪拆毀闈廠多家，釀斃人命。」文郁與康有為是工部同事，但目前還無直接證據證明他是受康有為的指使。這應該是劉學詢終生難忘的逃亡生涯，他在上海、杭州等地輾轉躲藏，託了《時務報》總編、著名的報人汪康年疏通關係。最後廣東巡撫許振煒同意「勒罰劉學詢銀一百萬兩」了結此案。康有為卻依然沒放過他。一年後（1898），在戊戌變法的後期，七月初十（八月二十六日），康有為再度親自起草奏摺，由御史宋伯魯轉呈〈粵賊蔓延，疆臣昏老悖謬，阻抑新政，乞嚴懲斥革摺〉彈劾兩廣總督譚鍾麟阻撓新政。學者孔祥吉認為除此之外，康氏所草之摺，對廣州劣紳劉學詢進行彈劾，為日後康、劉結怨，埋下伏筆。劉學詢於戊戌政變後，「自備貲斧」，赴日本實行其「聯倭殺康」計畫，實與此摺有很大關係。

根據陳肇琪的《總理史實訪問記》（劉學詢的口述史，是一九三一年國民黨黨史資料編纂委員會派陳肇琪專程赴杭州訪問劉學詢以後寫成的。）在劉學詢投身博彩業的第三年，也就是一八九二年，他遇見了在澳門行醫的孫中山。兩人「連談數夕，彼此非常愜洽」。劉學詢慨然贊助孫中山一千兩白銀，同時說服自己在澳門的十家店鋪，和澳門紳商同時出資，最後籌得資金三萬餘兩，贊助給孫中山當革命經費。一八九五年初，孫中山在廣州成立了「農學會」，實際上就是「興中會」的分支。而劉學詢與潘寶璜、潘寶琳等富商成為主要的資助人。根據馮自由的說法，孫中山「因知劉平素蓄志非常，遂與商榷起義大計，劉大悅，引總理為同調」。所以後來發動的「廣州起義」，劉學詢是事先知情的。據被捕的陸皓東供稱，起因就是聽說「闈姓廠在省城西關收取會試闈姓費數百萬，該處為殷富聚居之區，欲謀搶劫」。此時劉學詢是「闈姓」賭博的承包商，他提供點情報，讓孫中山去劫了賭款，這並不奇怪。何況，這是上繳的賭款，並非劉學詢的私款。但據陳肇琪的《總理史實訪問記》懷疑馮自由說法的可靠性，因為是時劉學詢承辦第二次闈姓，所欠賭餉餘百萬元，應該不會自找這樣的大麻煩。倒是劉學詢告誡孫中山不要過於自信，會黨只是暴民或烏合之眾，而且目前「時機過矣，苟在中日未和之前，則事有可為，亦當先以勤王名義號召，俟兵權在握，方能處置裕如」。他擔心孫中山的這種暴動反而對局勢不利，刺激列強加大對中國的入侵。是劉學詢並不贊同孫中山的暴動之舉。而學者何漢威也認為「相處日久，孫逸仙發現劉學詢完全是老舊君主制度的擁護者，對民權及民主一無所知；劉的思想陳腐不堪，他們之間幾乎沒有共同點。況且，劉學詢老把自己當成領袖，而僅待孫如主要合夥人。從那時起，他們相互疏遠，直到光緒二十五年（1899）夏天劉在日本執行微妙的使命時，才在那裡再度與孫見面。」

劉學詢雖然一八八七年就離開北京，但他長袖善舞，一直與朝廷高層保持著密切聯繫。劉學詢交往密切的人中，既有戊戌政變第一功臣、堅決反康梁的御史楊崇伊，也有戊戌變法的幹將、時任戶部左侍郎張蔭桓。光緒二十四年（1898）張蔭桓的日記就記載他和劉學詢的交往，而同年湖廣總督張之洞入京陛見時，劉學詢為其出謀策劃要謀取軍機大臣之位。當時的朝廷最核心大員：榮祿、慶親王奕劻、大學士剛毅、端郡王載漪，都與劉學詢有著深厚的交情。戊戌政變後，康有為、梁啟超逃亡到日本，慈禧恨得咬牙切齒，必欲除之而後快，御史楊崇伊通過慶親王奕劻密奏，於是同年十一月二十二日，上諭正式拍板：「知府銜道員劉學詢，員外郎慶寬，著自備資斧，赴外洋內地遊歷，考察商務。」雖名為「考察商務」，實是在執行「刺殺康、梁」之任務。

「考察商務」事經駐上海總領事代理小田切萬壽之助，稟告駐北京日本公使矢野公使，決定與慶親王及小田切共商此此訪日細節。劉學詢和慶寬直到光緒二十五年六月一日（七月八日）才奉慈禧太后和光緒皇帝的直接密令，攜帶密電碼，從上海出發前往日本，名義上是考察商務，試圖締結中日同盟。私下還帶著不便公開的使命：引渡康、梁，而若引渡不成，則奉命暗殺康、梁。而康有為卻早在三個多月前，也就是在二月二十三日（四月三日）已由橫濱乘「和泉丸」赴加拿大。劉學詢等人自然是撲了個空。但梁啟超和王照此時仍在東京，成了他們鎖定的目標。但在日本這個法治國家，要暗殺他們卻比登天還難。

不過劉學詢此行卻意外地見到失聯四年的孫中山，根據日本間諜宗方小太郎的日記《對支回顧錄》說：「七月十六日，帝國旅館訪問劉學詢、慶寬，協議諸事後，十二時歸。午後，孫文來訪。」、「七月十八日，訪西鄉內相及清國公使李盛鐸，暢談至下午，孫文來訪。」、「七月二十七日，同西鄉內相訪劉學詢一行，同夜更深，伴孫文、劉學詢密會，至午後一時始歸。」對劉學詢而言，此行其實還有比覲見天皇更重要的秘密使命，那就是招降孫中山。

一八九九年九月二十三日上海的《字林滬報》刊出的「密使之近狀」，為我們提供了另一個劉孫交往的內幕：「劉氏……及至東京，輒復嫖娼酗酒，至所奉公事，卻置之不問。且伊與孫文，誼屬同鄉舊交，堪稱莫逆，故每逢夜深人靜之際，劉學詢則於私處會孫。劉氏至，二人則戶閉密談。故日本人聞之，舉國嘩然，誚謗騰沸……劉學詢在日本所作所為，日本警察署在外部派人，密探詳報，朝夕動靜，纖細無遺。並聞都載於一冊，因太穢亂不堪，故未向日人傳播。據稱，其與孫文私會往復，每至深更，往往電話相約，至其昵所。妓女阿菊，乃私門女子，暗中招待合住吉亭（案：日文「待合住吉」，指招妓女遊玩的場所。）。每當阿菊赴劉孫之幽會，其間所議何事？警察署事後對阿菊審問，據阿菊申訴：劉欲孫在日本將梁啟超刺殺立功，劉則保舉推薦孫，招撫孫手下人馬，保證孫氏必得大權，然後創成大事。又據云：孫有黨徒數十萬人，劉學詢答應給餉二十萬兩，作起事之資，以成大事。」對於《字林滬報》的報導日本學者狹間直樹認為「就語言一項來說，二者若用廣東香山方言來密談的話，阿菊顯然不能聽懂，如果是她捏造的話，那麼情節又未免過於細緻入微。也就是說，阿菊的供述只能被認為是劉學詢意圖傳播的。」而且「不僅二十萬兩是個天文數字的鉅款，而且孫文黨羽十萬（誇大至極）這個數位也不合乎邏輯，與此同時，也沒有任何與此相關的資金運作跡象。」因此狹間直樹的論斷是：「在作為特使訪問東京時，劉學詢與孫文進行了多次的秘密會晤。可是，孫文並沒有接到暗殺梁啟超的請求。必要的是要製造出『請求』的氣氛。當做好這一切準備後，劉便向西太后提交出《字林滬報》所刊載的『密使之近況』的消息，希望以此獲得西太后就其忠實完成任務的諒解。」

而在出訪日本前，劉學詢上密摺交由慶親王奕劻呈報兩宮舉薦孫文，稱孫「才堪大用，萬不宜任其浪跡海外」。學者苑書義認為「當時康黨尊皇復辟活動嚴重威脅慈禧的寶座而為之所不容，孫中山雖然倡導反滿革命，但因眾寡勢弱對清王朝尚未構成直接威脅，而不大為慈禧所重視。劉學詢招撫孫中山，以孫制康的主張，是符合慈禧旨意的。」訪日期間，劉孫兩人多次秘密會談，已有御史向朝廷揭發此事，上奏彈劾「劉學詢等任性妄為，既敢與罪人交遊，又復溺於聲色，朝命不顧，國體何存。」慈禧雖將此件「留中不發」，據學者孔祥吉參酌日檔，清廷實際上也秘密地請駐日公使李盛鐸查探劉學詢與孫中山會面是否屬實，回覆是確有其事，但因劉學詢的行為，事前已獲得慈禧「懿旨」的特准。劉學詢返國後還遞交一份〈與孫文問答〉，呈報慈禧。慈禧閱後表示：「今聯日已妥，新政待舉，正需孫文回國效用，他人尚優容之暇，自己何獨不能吸引之？」因在慈禧的保護下，劉學詢沒有受到絲毫影響。

光緒二十五年九月初八日劉學詢奉旨趕赴湖北，由湖廣總督張之洞「差遣委用」（按清制，凡奉特旨交「差遣委用」的人，地方督撫均須另眼相待，因為他們與朝廷聲息相通，迥非一般僚屬可比。），協助張之洞制定當地與日本發展貿易的規劃。根據劉學詢日後回憶，慈禧明確告訴慶親王，這是對他的一種保護，讓他遠離京城，平息種種爭議。然而劉學詢還未成行，慈禧十二月十九日又下旨，將他調任廣東，由新任兩廣總督李鴻章「差遣委用」。何以調動得這麼快，原來，此時康有為已於九月由於母親勞太夫人在香港患病，從加拿大假道日本到了香港。慈禧正命令李鴻章組織力量捕殺康有為。劉學詢當初回北京彙報時，顯然誇下海口，說孫中山已答應受「招安」，願為捕殺康有為效力。於是十一月二十七日，李鴻章致電上海「虎城」：「昨面奉諭旨，令設法捕逆……孫已到否？康已離港否？究在何處？望查明隨時電知兩廣密捕是確。」「虎城」二字，可能是李鴻章和劉學詢互通密電的代碼。二十八日，劉學詢覆電：「孫函約尚未得覆。康仍在港……滬上各報已播傳，恐打草驚蛇，蹈上年李盛鐸覆轍，並恐礙孫辦法。詢現擬得孫回音，即先赴粵。」二十九日，李電劉：「孫未覆，或尚遲疑。」三十日，劉電李：「法用誘用擄，活上斃次……逆不遠揚，相機必得。候孫來商截南洋之路，防逆聞此次詔捕外竄。」他們連如何活捉康有為的辦法都想好了——「用誘用擄」，若活捉不成，才將其殺斃。並要等孫中山來商量如何防止康有為從香港逃竄。但同日李覆電「孫無信來，何也？」是孫中山既沒有覆信，也沒有前來。這可能是劉學詢自導自演的一場戲而已。學者何漢威認為在隨後短短八個月的期間，「劉學詢接受以下艱鉅的任務：一方面秘密策劃謀害維新派的康有為、梁啟超；另一方面與革命派的孫逸仙秘密交往，建立聯繫。維新派認為他是絆腳石，革命派則把他當成是玩弄兩面手法的操控者。」

在劉學詢借著朝廷之力打壓康有為、梁啟超的同時，康、梁也在計畫著刺殺綁架劉學詢。一九〇〇年康、梁計畫在國內發動起義，策源地選在兩廣，劉學詢是一個必須儘快除掉的障礙，在康、梁想要除去的人員名單中，劉學詢甚至還排在朝廷重臣李鴻章，榮祿之前。據《梁任公先生年譜長編》一九〇〇年二月二十八日梁啟超密函澳門勤王活動總機關《知新報》同人，強調「劉豚為肥賊（案：指李鴻章，因李為安徽合肥人）軍師，必竭全力以謀我。恐其必生多術，以暗算我輩。……肥賊、劉豚在粵，頗增我輩之阻力，宜設法圖之。去年谧歸諸俠，有可用否？此二人在，他日阻力未有已也，請留意。」梁啟超對刺殺劉學詢最為積極，曾多次指出：「卯金（即劉）富而多謀，今以全力謀我，阻力之大過於榮（指榮祿），——以其近也，不可不先圖之」、「豚子不宰，我輩終無著手之地。」催促不惜代價幹掉劉學詢。而後來李鴻章見勢不妙，開始向保皇會暗通款曲，於是緊張關係解除，只剩劉學詢被列為首要目標。據學者郭世佑找到一通涉及謀捕劉學詢的梁啟超佚函抄件，該信是一九〇〇年四月十二日給羅普（孝高）的，他向羅普提供對付劉學詢的兩種方案：一是派刺客扮成記者刺殺。二是綁架劉學詢，索要十萬元存款，並將劉學詢爭取過來，為保皇黨所用。梁啟超是主張第二種方案，他認為綁架索款比暗殺合算。最後，前一個方案被採納。十多天之後，四月二十四日，劉學詢在往澳門執行慈禧指派的特別任務（對付反對廢黜光緒帝的經元善）後返廣州，由汽船登岸之際，被保皇會所派殺手打中胸口，槍打在扣子上，加上衣服穿得厚，子彈進入了皮膚一點點，大難不死，僅受小傷。刺客乘亂向空中拋灑銀元，人群紛爭搶拾，刺客乘隙逃去無蹤。

說到孫中山與李鴻章生平曾發生過兩次關係，第一次中日甲午戰爭初起，一八九四年孫中山通過王韜找上羅豐祿呈遞給當時的直隸總督、北洋大臣李鴻章，條陳救國大計的《上李鴻章書》，這封信洋洋灑灑長達九千餘言。其中並提出了「人能盡其才，地能盡其利，物能盡其用，貨能暢其流」這四大方針。而此時朝鮮發生東學黨起義，日本趁機出兵朝鮮，企圖挑起中日戰爭。李鴻章既要與朝堂上的政治對手對抗，又要與西方列強斡旋，還要頂住壓力指揮北洋水師避戰，真是忙得焦頭爛額，分身乏術。再加上李鴻章為官已久，積習已深，絕無勇氣去做那種遠大的改革。因此他並沒有接見孫中山。

甲午以後，孫中山積極幹他的反清革命，李鴻章繼續做他的清廷高官，彼此各不相涉，六年後的一九〇〇年五月間，根據馮自由的《革命逸史》忽然有李鴻章欲在粵獨立，請孫中山面商合作之事。當時孫中山正在日本籌劃革命起義的事情，他接到香港陳少白（香港《中國日報》社社長）報告：「拳匪倡亂，惹起八國聯軍入侵大禍，何啟（時仍任香港華民議政局議員。何氏並不加入興中會，但常參預會中機要）建議與兩廣總督李鴻章聯合救國，由李鴻章首項清廷宣告兩廣自主，而孫先生率革命黨員佐之。其進行方式，先由中國志士聯名致書當時香港總督卜力（Blake），請其勸告李氏以兩廣獨立，為革命張本；李如同意，即由彼電邀孫先生回國組織民主政府。此議經在港興中會同志全數贊成，並先由何啟取得港督同意，請示進止。」等語。孫中山立即同意，於是何啟擬致致港督英文函，港督得函，極為贊同，令沙面英領事秘密徵求李鴻章的意見。此時劉學詢、曾廣銓亦極力從旁慫恿。劉學詢對李鴻章說他和孫中山是舊交，可寫信勸孫合作。李鴻章也有親筆函致孫中山，託駐日公使李盛鐸面交，希望來廣州共同洽商對策。對於以「兩廣獨立」來會面的說法，學者李吉奎在《孫中山與日本》一書指出：「一九〇〇年六月十七日，東南互保還未訂立，趙舒翹、剛毅在涿州調查義和團，團民並未大批入京，稱李鴻章欲用孫中山搞獨立，於理於勢，均屬虛妄。」是兩人見面另有其他原因。

孫中山和楊衢雲、宮崎寅藏（滔天）、清藤幸七郎等人於六月八日離開橫濱，內田良平於長崎加入，一行人於六月十六日抵達香港。孫中山為防範李鴻章「設阱誘捕」，不欲「冒險入粵」，特派同行的三位日本友人宮崎寅藏、清藤幸七郎、內田良平去廣東與李鴻章的代表劉學詢會談。事實上，孫中山並沒等到談判結束，他就起錨開向越南，與法國殖民當局談廣西起義的事。據宮崎寅藏在兩年後出版的回憶錄《三十三年之夢》所記，他與孫中山一道離日南行時，根本沒有談過與李鴻章「合作」的事。而後來回憶錄中對與劉學詢會談的內容完全沒有寫，並說：「這一段情節有些像傳奇小說，但事關他人秘密，至今不能明言，甚覺遺憾。」為什麼「不能明言」？如果是去同劉學詢談與李鴻章「合作」以實現「兩廣獨立」，那是可以大書特書的。宮崎的欲言又止，不禁令人疑竇叢生。

據內田良平幾十年後出版的回憶錄《中國革命》中說，義和團起事時，李鴻章擔心孫中山與康有為聯合作亂，所以預先對孫中山採取懷柔手段，以阻止孫、康一致行動。為此，讓清廷駐日公使向孫轉達李的意圖：「值此危難之際，願與孫氏會晤，共議匡救天下之策，務請來粵一行。」孫中山與包括日本友人在內的同志商議，決定向李要求支付孫中山回國的費用十萬兩，以此用作武裝起義的經費，對李則表示可以考慮其建議。內田評認為這個計劃，也就是「靠敵吃糧」的意思。其回憶錄說：「我們一行搭乘的船剛一到達香港，便換乘了李鴻章派來的炮艦（按：『安瀾號』），沿珠江駛抵廣東，當即被引進劉學詢的宅邸。劉學詢是李鴻章所寵信的商人。狡黠的李老爺派出這位劉學詢和一位懂日語的海軍軍官來接待我們。他們首先是要確切了解孫中山的要求，然後再作處理。」當談到關於兩廣獨立的問題時，得到的答覆是：「在北京還沒淪陷以前，不便有所表示，請稍微等待。」又表示希望孫先生駕臨當面商談。三位代表一聽，心中已各自明白事情變了，這是個騙局。對於要請孫先生回廣州，於是「宮崎簡要地提出兩點：『一、對孫中山所定的罪名應予特赦，並保障他的生命安全。二、希給予貸款十萬兩（案：內田記載的金額為「十萬兩」，而後來宮崎在新加坡被捕時所持有的金額「約三萬金」是貸款的半數，因此貸款應是「六萬兩」）。』劉說：『貴方的意見將馬上回稟總督。至於貸款十萬兩（案：當為「六萬兩」）的事，學詢可以辦理，明天即可在香港面交五萬兩（案：當為「三萬兩」），其餘部分容後送上。』」「宮崎說：『孫中山已經從日本出發，現在已到新加坡，等待我等前往覆命。他可能將由該地起身偕同我們來粵。餘款希望送往新加坡。』劉表示同意。」那位軍官在劉等舉行極度奢華的宴會時帶來李的回答：「『關於對孫中山的生命保障我不僅要向三位日本人士保證，而且要奏請西太后予以特赦。對於三位日本人士的盡力襄助也將一並上奏，所以，需要得到三位的照片。』宮崎答稱：『如果總督有這樣的誠意，孫中山是可以盡快來粵的。因此，我們今夜立即去香港，明天就可拍照奉交李總督，然後就將啟程赴新加坡。』劉學詢說：『明天定將貸款五萬兩（案：當為「三萬兩」）送到。到時拍照的事就拜託諸位了。』」宮崎等聽到答覆後，慶幸任務順利完成，立即乘炮艦離開廣州，出發時間在凌晨三點鐘左右。到香港以後，宮崎等相互祝賀，然後在梅屋庄吉（日本參謀本部長駐香港間諜）照相館照了相。「午後，劉學詢的兒子送來貸款五萬兩（案：當為「三萬兩」），他為等待明後天取回照片而在香港稍事停留。我們一行三人達到了貸款的目的，便從香港出發前往新加坡。」對於為何以三萬元來換取三人的照片，學者狹間直樹認為這照片是為了取信於慈禧而必須的東西，「只是它並非劉所說的為了孫文特赦的申請，而是用來作為暗殺康有為委託人證據的照片。」

宮崎寅藏等三人之前已和孫中山約定到新加坡相會的，收妥劉學詢的那筆三萬元的款項，便搭船赴新加坡。其實宮崎此行還有一件要事就是要到新加坡說服康有為與孫中山合作（案：康有為已於一九〇〇年陰曆正月二日抵達新加坡）。康有為在戊戌政變後能託庇日本，全賴宮崎的盡力照顧；梁啟超也是由平山周保護出險到日本的；所以彼此的交誼，非同泛泛。而犬養毅和宮崎等對孫中山和康、梁兩方面都是朋友，見到兩方面都為盡瘁國事而流亡，曾屢次居間勸請雙方合作。康有為對孫中山乙未廣州革命之役，曾派陳千秋、林奎秘密通情，而在這之後（一九〇〇年七月），康有為密約唐才常起兵，可見康有為也不反對暴力革命，所以孫中山也不反對和他聯合。但康有為本來是熱心功名利祿，變化多端，頑傲自大的人，他不願和孫中山合作。現康有為適因新加坡富商，著名詩人邱菽園匯贈千金，並邀往新加坡避難。於是宮崎想再做一次努力，勸其與孫中山合作。

而孫中山則在六月二十一日抵西貢，次日致電劉學詢，內容不詳。宮崎寅藏、內田良平、清藤幸七郎三人從香港於六月二十九日，抵達新加坡。他們此行的目的是就孫中山策劃的南峰起義之事與康有為協商是否有協調之可能。於是通過邱菽園，求見康有為。宮崎算得上是康有為的患難之交，所以邱菽園答應盡快安排會見。不料康有為收到密報，說三人為刺客。遂託詞新加坡政府的嚴密保護而不能會面，派門生湯睿贈送一百元。一向將金錢蔑視為阿堵物的宮崎對康有為的「百金之餞」，感到不可理喻，憤怒拒收，並在七月四日致康有為絕交信。信中吐露了無奈之情：「當今時局，懷抱一片深深的憂慮和滿腹之經綸，訪知己於千里之外。為何昨之知己非今之知己，且反而被冠以奇恥大辱之名」，結尾為「面對善泣皇帝之知遇，卻不解友人義誼之人，以表訣別之意。幸請自愛。」（案：引自《三十三年之夢》）。七月六日早晨，內田因與宮崎、清藤意見分歧，獨自離開新加坡。當天下午，警察搜查了宮崎、清藤住所，發現了兩口日本刀，緊接著又發現了「約三萬金」的鉅款，認為可疑，即將二人拘捕。據《國父年譜》云：「先生聞耗，於七月九日自西貢至新加坡，謀營救宮崎等。先生舊友黃康衢、吳傑模、林文慶等四出援助；文慶為先生少時同學，奔走尤力，並介紹先生於抵新次日入謁新加坡海峽殖民地總督瑞天咸（Sir Alexander Swettenham），說明宮崎來此原意，並稱宮崎所攜港幣為己有，即用以預備發給革命軍餉者。」而宮崎等人七月七日被送往監獄，第三天審問，審問的焦點在他們手持的巨款上，宮崎只回答說是從朋友那裡得到的。七月十一日，英方以妨害治安，宣布宮崎等五年不得涉足英國海峽殖民地；七月十二日釋放宮崎、清藤，在警吏監同下，二人與孫中山同乘日輪「佐渡丸」（Sado Maru）離開新加坡。總督瑞天咸隨即亦宣布，五年內不許孫中山入境。

至於孫中山謀求與李鴻章合作以實現「兩廣獨立」的計劃，是一九〇〇年七月以後才發生的事。孫中山從新加坡抵達香港海面的第二天，即七月十八日，李鴻章應朝廷任命為直隸總督要北上就職時，路過香港，在劉學詢陪同下專門在香港會見了港督卜力，港督勸李鴻章留在廣東，還打算安排孫中山與他見面，但李鴻章明確拒絕了兩廣獨立的建議。因此對於劉學詢給錢與宮崎等人帶給孫中山之事，就不難理解了。當時，孫中山的革命目標已經很明確，但經費缺乏成為軍事計劃的「瓶頸」，在這種情況下，如果從李鴻章處獲得一筆錢，經費問題便迎刃而解。不過，在宮崎出版《三十三年之夢》時，孫中山的地位和聲望已與兩年前不同，為十萬兩銀（案：當為「三萬兩」）

行使近於騙術的計策，也許會有損形象，所以宮崎就「不能明言」了；到了幾十年後馮自由寫《革命逸史》時，孫中山已逝世，其地位十分尊崇，當年向李鴻章謀取軍費的真相更不能見諸筆墨，馮自由「為尊者諱」，就有意把一九〇〇年六月的「詐降計」與同年七、八月間港督謀求與李鴻章合作兩件事混為一談，寫出這樣的一個故事。其實李鴻章根本無意搞什麼「兩廣獨立」的。

此時八國聯軍正在向北京進攻，李鴻章到達上海後住在靜安寺路的劉學詢宅，而劉學詢是主張同孫中山合作的，所以，「孫李合作」計劃有一個尾聲，這就是孫中山一九〇〇年八月二十二日自橫濱啟程，二十九日晚抵達上海之行。孫中山在上海停留到九月一日。這幾天他同劉學詢會談過，並由劉學詢陪同往見李鴻章。李鴻章對孫中山說：「明年余當到北洋，屆時方可回國任事。」是李鴻章意在羅致孫中山為清廷效力，而孫中山爭取李鴻章則是企圖搞「兩廣獨立成立共和國」，兩人宗旨對立，合作終成泡影。

孫中山發動的惠州起義失敗了，幾個月後，李鴻章去世，劉學詢從此不再參與政治密謀。他在杭州西子湖畔購買了大片土地建築了一座占地餘九十畝的大莊園水竹居（契據上的正式名稱），時人和後人都稱之為劉莊。據陳定山〈回憶湖莊舊主人〉說園成於辛亥光復前三年（1910），當時他年僅十一歲，曾隨家人往遊，時方大興土木。後三年庚戌（1908）復隨父親陳蝶仙往遊，陳蝶仙有〈劉莊題壁〉詩四首云：

迷樓人影隔窗紗。高掛疎簾一道斜。
久立畫橋人不問。只知無意看桃花。
轆轤金井女牆東。蘭麝衣香隔院風。
定是窗娘梳洗罷。銀盆小婢出花叢。
低窗臨水嵌玻璃。倒映湖光鏡檻西。
鸚鵡不言人未起。午庭花外忽聞雞。
屧廊花落暗吹香。簾幕開時蛺蝶忙。
倚到畫欄人十二。滿頭珠翠耀斜陽。

亦足見其富麗矣。除了民國開頭幾年外，劉學詢後半生基本住在劉莊。為成就水竹居園林之勝，從建築之日起，劉學詢慘澹經營近三十年，不少庭園建了拆、拆了建，以求達到最佳境界。雍容典雅、清淡古樸的亭臺館榭裡有不少名家楹聯，其一為「先生何許人，天半朱霞，雲中白鶴；君言不得意，風情張日，霜氣橫秋。」這副楹聯十分洗練地概括了耦耕主人一生尤其是晚年的心境。

民八、九間，劉學詢以賭傾家，雖漸中落，然百足死而不僵，上海靜安寺路滄州別墅仍為其私產。北伐後，劉學詢售去上海滄州別墅與其鄉人盧小堂得三十萬金用以贖回杭州劉莊，頤養湖上，侍妾蕭然，豪氣盡除。他性好木石，日以修葺庭園為消遣，舊時臺榭除恩榮堂外，無不拆卸重建。彼方欣然自得，而遊者輒有今不如昔之感。不久他物故，而格於杭州市政府西湖風景區不得營葬之規定，竟不得葬入坟園。劉莊亦遂荒廢，鞠為茂草。

瓊彩樓財務糾紛：康有為與譚良的決裂

一八九九年七月二十日，流亡海外的康有為，在加拿大聯合華僑富商李福基、馮秀石、馮俊卿、徐為經、駱月湖、劉康恒等集議創立「保商會」於維多利亞歌夫緬街一七一五號。旋易名「保皇會」，亦稱「中國保皇會」（英文名為Chinese Empire Reform Association）。康有為的長女康同薇對於名稱的沿革有此解釋：「華僑十九皆商，故保商即保僑，亦即團結華僑以愛衛祖國之會也。旋有人獻議保皇乃可保國，乃易名保皇會。時那拉后與守舊派正謀危光緒，故保皇云者，當時抗那拉氏之謀而言，此保皇會之緣起也。」康有為任保皇會正總會長，梁啟超、徐勤任副總會長。保皇會陸續在美國、墨西哥、中美、南美、日本、南洋等地建立組織，共建總會十一個，支會一〇三個，設總部於香港、澳門，可以說，凡有華人的地方就有保皇會。

保皇會另一個名稱也叫「保救大清皇帝公司」，這正好突出它的商業性質。既云公司，因此凡加入保皇會者需繳交「入會費」和「月捐」。康有為曾盤算過這筆錢如何運作，在一次演說中，他對聽眾說：「若海外五百萬人，扯算計之，每人能以煙酒之餘，人捐美洲銀五圓，合中國銀十圓，則有五千萬矣。先開銀行，印銀紙行之，可得一萬萬零二千五百萬矣。以三千萬辦輪船，以三千萬辦鐵路，以三千萬開礦，以五百萬辦雜業。他日礦路輪船有股份者分利無窮。以三千萬辦一切救國事，以養才能之士、忠義之人，立國體以行之，則中國立可救矣。」除此而外，他還號召大筆的捐款，對於捐款人則許諾以豐厚的政治回報，他說：「為救得皇上復位，會中帝黨諸臣，必將出力捐款之人，奏請照軍功例，破格優獎」，「凡救駕有功者，布衣可至將相」。另外還許諾在經濟上給予開礦、築路、工商等優先權。康有為的這些承諾，對當時的海外中國人來說是有極大的吸引力。許多經商成功的華人富商一方面基於愛國心，一方面也基於渴望成為開國元勳的投機心理，往往對康有為一擲千金。而那些靠賣苦力艱難度日的勞工華僑，也希望能通過投資康有為的「保皇公司」，而獲得紅利。而康有為則利用華僑的捐款，把其中的部分用來投資實業，經商贏利。因此從一九〇三年開始，保皇會在美國開設華美銀行、瓊彩樓飯店等；在墨西哥投資地產、電車、鐵路、輪船公司，開設華墨銀行；在香港開設中國商務公司、中華酒店、華益公司；在內地開設廣智書局、插手振華公司……林林總總，相當活躍。康有為企圖投資全球，以商來養政。

而譚良（1875~1931），也就是譚張孝，他是廣東順德人，曾是康有為在廣州萬木草堂的弟子，早已對老師欽佩不已。一八九八年戊戌變法失敗後，譚良在家人的安排下回鄉結婚，翌年經香港前往美國，在洛杉磯一間由堂兄開設的中藥店工作。一九〇一年底曾回國，至一九〇二年四月再度攜同妻子黃冰壺赴美，自此一直在當地定居和行醫。譚良剛抵美國，就參與保皇會，不久就成為洛杉磯保皇會的領袖。並主持《文興日報》，深得康有為的信任。譚良保存與康有為等人往來的書信和文件，這些重要的史料後來由其外孫女，也是歷史學者的譚精意（Jane Leung Larson）提供，部分由方志欽主編、蔡惠堯助編成《康梁與保皇會——譚良在美國所藏資料彙編》一書，（香港：銀河出版社，二〇〇八年）本文所引康、譚往來書信大都來自此書。

一九〇五年春夏之交，譚良陪同康有為遍遊美國東北、西北各地。康有為後來在與他人的信中回憶說：「八月十四張孝從我遊美西北一月，至九月十七別於砵崙，應收所至各埠商會瑣事代我料理。至砵崙後，我遂返紐約，張孝請做芝樓，以養學生。」康有為所言的日期當為陰曆，而砵崙則為現在的波特蘭（Portland）。也就是在十月十五日他們在波特蘭分手之後，譚良函請康有為開辦酒樓，以贏利來資助保皇會所選送留學歐美學生之學費。康有為當時一口答應，並任命譚良為總辦人。然後並將暫存於譚良處的保皇會公款七千餘美元撥作開辦酒樓之用，此後續增撥款。同年十一月七日康有為致譚良信中說：「此事為興學育才大舉，無論如何，我撥聯衛款、公款亦當撥足。此事重大，付託於汝。汝太謹慎畏葸，則遲誤失事機。安有捧七千巨金，而白坐者乎？即虧息亦甚多矣！速辦！速辦！無復多遲疑以誤事。」康有為一再地催促，而其實譚良正為選定酒樓的地點而傷腦筋，他說：「酒樓原擬開於羅生（洛杉磯），因未有相當之鋪位，故遲疑有待。而來書敦迫，正躊躇間，忽接芝埠陳君來電，覓得今日瓊樓鋪位，遂移局芝埠也。」這也是瓊彩樓原本要開在洛杉磯，而後來移到芝加哥的原因。

而在此同時，康有為又直接指令譚良，將籌備款其中的五千美元借給曾擔任保皇會美國西北四省「代表員」的李美近，其原因不詳。康有為信中只說李美近「此義士也，豈可不救！」，乃囑咐譚良從七千餘元中「暫撥以應之」。於是手頭僅剩二千多美元的譚良，加上招股並不順利，這大大影響了酒樓的籌備和之後的各種運行。這筆五千美元的借款，到瓊彩樓開業前三個月（一九〇六年三月），李美近僅僅歸還四千美元，還欠一千美元。譚良催促康有為，康有為卻只是以私人名義為李美近充當擔保，並要求譚良不必繼續過問此事。到後來甚至也沒有擔保，還要譚良去追清餘款，而從現有資料來看，李美近始終未償清借款一千元。

由於只剩兩千餘元的開辦費，不敷使用，譚良頻頻向康有為請求撥款。康有為除親自撥與有限的數目外，便命香港華益公司紐約分公司支援。學者蔡惠堯說：「瓊彩樓帳目混亂加劇是從香港華益公司紐約分公司撥款開始的。康有為『令紐約直撥（款）芝埠』，該分公司便負責瓊彩樓資金的大部分。但是，康始終沒有指定誰專職此事。從《徵信錄》中可知，康有霈、湯銘三、馮鏡泉、陳繼儼等均曾經手劃撥款項與瓊彩樓。康有霈直言其兄（康有為）未曾指定他專司撥款之事，『不知首尾』。專責乏人，不僅沒有達到使譚張孝與紐約直接往來、節省匯費的預期目的，反而造成了『人人管，無人管』的混亂局面。據康有霈統計，他經手注資瓊彩樓達三萬一千六百元，加上馮、湯等人經手數目，款項巨大。」但學者高偉濃則根據美國加州大學柏克萊大學分校族裔研究系圖書館所藏〈瓊彩樓股份芳名〉所列共美金七萬一千三百元，認為雖是一筆巨款，但估計是後來的入股額，而不是開始時已到位的股金。否則，這麼一大筆錢投入瓊彩樓經營，就不會出現後來一連串的財務糾紛了。

根據張啟禎、張啟礽所編《康有為在海外：（美洲輯）補南海康先生年譜（一八九八～一九一三）》一書說，康有為在一九〇五年十一月二十九日離開美屬新村（現名：San Antonio），到墨西哥菜苑（現名：Torreon），住在J.W.Lim醫生家，將近兩個月。而同年十二月七日，康有為由菜苑發給譚良電報，認購瓊彩樓股份一萬五千元至二萬元。康有為拜訪墨西哥時，首都墨西哥城正在籌款構築有軌電車，康有為敏銳地意識到電車通過的地方，必將變成人氣旺盛的商業圈，地價一定隨之飆升，此是難得的機遇，於是他便用華僑的捐款，開始大量炒作地皮，不久地價果然上漲很多。康有為從中獲取相當大的贏利。

同年，康有為了解到在墨西哥開辦銀行的法規非常優厚。他以為墨西哥是一個新興國家，需要招商引資，此時若在墨西哥開辦銀行，進而出資實業恰是大好機遇。根據康有為一九〇五年十二月十九日給譚良的信云：「此間買地已決，並作一銀行以張大之，則藉銀行之轉動以為買地之增益尤速。苟能有十萬呈墨官驗視，後此但得三萬六千，即有十萬銀紙轉運矣。是白得六萬五千元本也，將來輾轉推大，可成內地之大銀行。」又在十二月二十六日給譚良的信中說：「墨中辦銀行最相宜。」其辦法是先繳二成現金存官庫；銀行開張之後，以三分之一的資本存入銀行保險櫃，方可取回二成現金；然後墨國發給銀行三倍於其資本的鈔票，在康有為看來「蓋新國欲開利源，故如此之優也，各國皆無之矣。」這無疑是賺大錢的最佳捷徑，而「銀礡可運售，地可大買矣。」「長袖善舞，大利無窮。……所恨前款分散，今決聚全力以為之。」康有為說得頭頭是道，次日又有致譚良信云：「墨中銀行真第一妙事，但須四個月後乃能開張領銀紙，滯本數月為可畏。此次寬焯入美，如陳宜禧必有成，恐成時中國可領而為此間所誤也。故領百萬否未決，然以廿萬本而得三百萬銀紙，天下大利，孰有如此？今決聚全力辦此。」而一九〇六年一月十七日康有為給譚良信云：「此間大銀行決辦。惟墨稅甚貴，每百抽六。將來百萬之公司所費數萬，則不值矣。若自小公司展大者，則將來不須印花稅，故今決先開小公司，以省將來之費也。又，買地（而有銀行）聲名較好，亦易獲利。」因此，康有為便一頭扎進墨西哥的資本商場裡。

一九〇六年四月康有為給譚良的信中說：「黃日初在此買地誠有才。前日吾買一地二千四百元，今日賣出三千八百元，一日而贏一千四百元。又前月吾買一地三千元，今已五千，無怪日初以白手四年致四萬也。菜苑亦誠可運動，墨京更好，惜無人可託。」菜苑即下面報紙所說的托雷翁。據張啟禎、張啟礽所編《康有為在海外：（美洲輯）補南海康先生年譜（一八九八～一九一三）》一書引《墨西哥先驅報》一九〇六年八月一日的報導中說，從托雷翁（Torreon）來的消息，有一個關於建立華墨銀行的完整計劃，已被提交並接受。新樓將是一座兩層的石質建築，二樓將裝修成辦公室。托雷翁的承建商已開始建築設計，並儘早開工。該銀行將成為托雷翁銀行業的重要組成部分，發起人也要求墨西哥政府給予特准。後來華墨銀行成立，康有為指定當地僑領黃寬焯為行長，而以一向在墨西哥開業行醫的黃日初為房地產銷售經理。

康有為起初對譚良相當信任，在「南長街五十四號藏梁氏檔案」中，有一封康有為於一九〇六年四月三日寫給當時在美國芝加哥專門學校就讀的梁啟超的弟弟梁啟勳的信，提到：「九月後斷學費，可向張孝支取。……吾與張孝共事久，見其縝密，精細周到，甚欲以財權託付之。」可見一斑。一九〇六年六月瓊彩樓在芝加哥營業開張。而此時康有為在墨西哥淘金，大舉出擊，涉足房地產、電車、銀行等資金密集型企業，資金鏈崩得很緊，需要更大量的金錢周轉。於是同年十月二十日康有為致譚良信云：「墨中電車須款數十萬，頃福基等頻頻查問；且寬、日等到紐查，無以應電車之辦，甚不妥！芝事皆弟經手（去十餘萬難籌還），必當籌還數萬以應之。弟去年言轉易甚易，今不可不踐言。又，去年夏初借萬元，一分息者，訂三個月交還。今一年本息皆絕不交，不提還，而電車事迫不及待，弟可速籌還。此是弟然諾經手，不得以無力辭。凡借款皆當量而後入，苟不計還之，然否？行必至公，信而有同，故其憚之。況芝樓八月後生意當佳，每日提還多少，可告我。應每日提還一、二百乃合。」由此可見康有為需款孔急的狀況，他要譚良「當籌還數萬以應之」。

當時墨西哥政府看到房地產市場過熱，收緊銀根，不許銀行隨便貸款。資金鏈的斷裂使墨西哥房地產市場應聲下跌。屋漏偏逢連夜雨。此時美國發生了一場經濟恐慌，銀行大量破產倒閉，作為近鄰的墨西哥最先受到衝擊。雙重打擊下，墨西哥房地產市場終於崩盤了。而對於資本市場一知半解的康有為，無論如何也應付不了這種局面。康有為染指太多的行業，除了房地產，還有客棧、電車、書局、漁業，「今日提東，明日提西，今日辦某店，明日辦某店」，本來資金就不雄厚，如此一來就更加捉襟見肘了。

因此，向保皇會內各企業頻繁催款調集資金，其中包括投資巨大的瓊彩樓。一九〇六年十二月二十日康有為致譚良信云：「芝樓能揭三萬，速清最佳。……為電車路事無從籌大款，憂不可言！」然而瓊彩樓的經營似乎問題很大，股本金的分紅派息不僅少、而且很不及時，因此，不少人開始懷疑譚良挪用甚至貪污瓊彩樓的利潤。康有為甚至遷怒於譚良，他派出康有霈（季雨）和湯銘三，對瓊彩樓進行查賬，在同日給譚良的信云：「芝樓久派定雨、銘二人會同督辦；而二人擅撥巨款與汝（同有責任），又復從容退讓（數目不行），或亦必請汝還主芝事（汝安此行，誠如汝言），可謂奇聞！吾已有書痛責，汝可電書交迫此二人來芝督辦一切；否則，吾惟有催汝還芝而已。斷無有以巨款付數散人，汝度不能行（吾亦不至無情強汝行），則力促此二人到芝主辦可也。」瓊彩樓未能如期地提供現金周轉，康有為十分失望，甚至憤怒，他給譚張孝寫了多封措辭嚴厲的催款信，但是毫無結果。

到一九〇七年四月二十二日康有為還派林兆生、陳繼儼（宜甫）繼續核查瓊彩樓帳目，三天後康有為有信令譚良：「汝可一切聽宜甫，並將一切內外數目告之示之，俾宜甫有把握辦理」。後來更指示：「已派定銘三來，孝為總理，孝行，銘為代辦總理可也。銘因股票事，非半月後不能來，孝必須待之。」孝是指譚良，如此一來譚良的總辦之職，無疑地被架空了。不久，在墨西哥四面出擊的康有為，遭遇了資金和市場的雙重困境，極為狼狽。在「南長街五十四號藏梁氏檔案」有封一九〇七年康有為給梁啟勳的信，此時康有為與譚張孝關係已生變。康有為反而對在美國的梁啟勳頗為看重，信云：「得與張孝書，乃見弟之至性及才識，為之大喜。其厚者薄，而薄者厚，一語可為論人之圭臬，亦為人之根柢。汝兄之好處，全在德性厚，不然，今之聰明者多矣，何所用耶。」又說道：「病無術可癒，非離美絕應酬不能望也。籌款無術，四面交迫。與汝兄皆苦甚，安得若汝之從容為學乎？」汝兄則指梁啟超，而同年十二月九日康有為給梁啟超的信中也說：「今墨中電車路需款甚巨，日日催款，其憂不能應之，則大局礙矣。」

一九〇八年三月九日康有為給梁啟超的信中說自去年十二月至今，「為商務事累幾嘔血，刻下頭痛肝痛」。是康有為經營這些商業，初頗得利，但後來致多虧折，這其間康有為方寸已亂，一下子指望電車開行，以彌補資金缺口，一下子欲低價拋售地皮，以挽危急，但似乎都無濟於事。因此他歸罪於譚良，信中首先談到譚良的事云：「張孝前後借去十六萬（華數），其萬二千五百美數乃做股，為養學生者，以此餂我，後再借附充一萬，彼借四千，亦我手。其餘十萬則銘三無我命先後誤借與之，（季雨本知其奸，亦徇情，可怪）。至今利息本錢分文不能交，亦不養學生，（皆扣借款）。今得芝埠年結，竟無借入二萬四千之數（華銀四萬八千），是其私吞。銘、雨二人，擅借巨款而置之不理，可惡已極。若譚盜則更不必言，刻擬布告，又擬控追，擬作欠公學款控追而抄其家。」是康有為至此憤怒已極，表示要把譚良逐出門牆，並訴諸法律，最好是能對譚良抄家。自此，「譚賊」、「譚盜」就成了康有為書信中對譚譚良的稱謂。

一九〇八年四月四日康有為請梁啟勳查譚良之事，信云：「孝事欲托弟查也。」同月十三日又有信給梁啟勳云：「張孝詭盜，銘三誤發數萬款與之，致令牽倒一切，墨事幾敗，累派銘、雨等嚴辦，彼皆徇畏，無可如何。派同璧督同閣、國賢辦理。譚賊之據此樓，實出夢外，宜勉（案：徐勤）欲殺之也。今全域幾全敗於此，弟學費亦無出，可幫阿璧嚴辦，逐阿昌，務令譚賊脫股，收回全權乃為了事。」接著又數落譚良的種種不當，並說出他使出霹靂手段，云：「張孝本三千，昌伯皆借自公款，彼實無一文，而借養學生為名，誘我借數萬之款，息一分未交，而欲以支迤汝等（養學生），萬金扣本，此萬不可行也。余問銘三盡悉，若譚賊真敢恃出名相爭，必將布告，合全美各埠攻之。並在內地抄其家，定有全會公款而可以一人竊據者乎。」

到了同年六月五日譚良接到由湯銘三轉來的康有為信云：「張孝親筆來單二張，今將新單與前單較對，多不符，未免太隨意。前單第一條砵崙存款僅五千七百六十九元五毛七，今作七千二百九十六元零七，前單又不出收過商會公款各數千餘，真是亂來！豈不慮有查問比對之一時耶？諸君等一對核之。」此信極長，除將譚良這兩年來的帳目清單，逐筆逐筆批駁之外，還說到：「今所開數，不論撥充股本，張孝借數、付充支數，一概不分，但開來往數，擅收他款，借支他事。以十六萬之巨款，三年而無分毫之息而以妄支他事，擅扣撥充股本之款，事同誘騙，實屬任意欺亂，謂之棍盜可也，豈復成數乎？」又說：「總局存款出入皆計息，何況商款而不計乎？存銀行一日亦有息，乃領墨銀行十六萬之款而一文息不開，則十六萬兩年之息從何出？如此開數，可謂奇甚！」是康有為認為，商場中資金往來是有償的，用公款辦酒樓，必須加計利息，本息俱還。

對於此，譚良完全無法認同，但他並沒有即時回覆，過了一些時日他在回覆湯銘三的信函中，首先表示他為何沒有及時回覆的原因，實在是他氣炸了，要等心情稍微平和時再回覆，他說：「讀長者來書，憤悶已極，繼而思之感情既深於昔日，今以錢銀交手之故而出激烈之言，豈不重滋罪戾？無寧少忍之，俟心氣和平，然後從容陳詞之為愈耶！」緊接者他也是逐筆逐筆針對康有為的批駁再反駁回去，對於康有為的痛罵，他說：「先生責弟擅收各款，妄支他事，行同『誘騙』，直是『棍盜』等語，此皆先生言不由衷，唾罵之慣技，豈足取信！在弟皆奉令承教為間接之代理耳，一切支收均奉有先生手諭為據，並無分毫妄支擅取。原信具在，可為鐵證也。」而對於納息之事，他說：「先生謂十六萬巨款兩年存弟處，無分毫之息，尤為離奇，不可思議。姑無論無此巨款，即或有之，亦承上發下，隨手經過之款，並非存弟，又非弟私借，能責弟納息也？計做瓊樓股份前後共銀二萬九千五百元，借與瓊樓付充前後去銀三萬二千五百五十元，代先生所支雜費共銀一千七百五十四元二毛五，學費二千六百六十八元五，統共六萬六千四百七十二元七毛五。今先生所謂十六萬巨款，有此數否？試問代先生做生意之款應責弟納息否？借與瓊樓之款，亦有瓊樓是問。其餘所支雜費、學費不過四千餘元（均在前列之支數內）。凡此皆承先生之命而以弟為傀儡者，能責弟納息否？各款以瓊樓為大宗，而瓊樓之股款、借款多由烏約（紐約）撥往芝埠，並未到過羅生（洛杉磯）存弟處一日者。先生不直接交涉，弟為其間接代理，遂至往來芝埠三次，喪失醫業利權無算，而買得今日之結果者也。今謂商會出入之款皆計息，則主動者為先生，應納息多少，還問諸先生可也，弟豈能代任其咎？倘商會數目確能如此核算，今日獲利無量數矣。奈何其取盡錙銖，用如泥沙也，可歎！」是譚良認為他經營瓊彩樓是學生替老師辦事，他並因此而損失他在洛杉磯中醫館的許多生意，經營酒樓與借錢納息，完全是兩回事。他甚至批評康有為「取盡錙銖，用如泥沙」。而對於納息一事，他退一萬步說：「查銀行事例，凡付銀預計存六個月或三個月之久，則計息；若半期取還或不預訂，則全然無息。而先生存弟之款，今日撥東，明日支西，款無停貯，支無定候，又安有息可生、有息可扣？而先生孜孜以此相責，豈能為無米之炊耶？譬如鋪店之掌櫃、闊佬之管家，代人管銀賣買，而東家必要該掌櫃、管家納息與之，有是理否？今先生之責弟納息，何以異是？又如華益諸人，凡代收入支出過手之款，一切責該人納息，能行之否？如可行之，何以不責他人而獨難弟也？」最後他更說：「況華益諸人皆受工金，弟仗義而來，枵腹而去，反得今日之惡果，誠可哀矣！」可說是受盡委屈！

這封回覆湯銘三的信當然會轉達到康有為手中，譚良在信末也請湯銘三轉達云：「以上各情，望兄代達一二，以釋長者之懷疑而全弟之名譽，是所厚幸，蕪詞拉雜，統希慧鑑。」儘管如此，到了同年七、八月間，譚良還是親自寫了信給康有為，其中有云：「今將前後所來款之總數及入股及交還之款，另紙逐條注列如後，以便察核，並移交華益查對，自不難水落石出矣。否則數目不明，長此見疑，豈有涯耶？」又云：「況論情則有師弟之親，論理則先生亦在股東之列，豈可過為決絕與以太甚耶？況芝樓現下非有的款據而不還，弟子亦並非大有積蓄而不急公（自從去春入芝數月，醫業大淡，至今災禍重重，昔日醫業之盛……至於瓊樓各事，銘三應盡知一。各數之對否，瓊樓數部對否，亦可交銘三查辦。餘外如仲策（案：梁啟勳）、夢鐸等亦可著其公同查覆，以定弟子有無以多報少之罪。況所借之款均有揭單，華益有數可稽，焉能憑空否認？望先生明鏡高懸，勿輕聽讒人之言，以叛離其親眾而失知人之哲，則不特瓊樓之付股血本有歸，而弟子等亦不至因財失義也。」信中可見譚良的憤懣不平，不僅沒有承認自己在財務上有過失，反而抱怨康有為「輕聽讒人之言」而無端猜疑。

譚良理、據俱在，一點也不退讓，這逼得康有為不得不低頭承認他的錯失，他在同年八月十八日回覆譚良的信首先云：「凡人信則過信，疑則過疑。吾前於弟信之甚，至故大付託，而弟立單借款，不清各息，復歲月請款，致啟吾疑。及以芝事誤墨事、港事、紐事，全局幾倒，皆緣芝誤提款故（可問銘）。去冬港電日告急，忽聞芝樓年結乃無借（二萬餘）款及各息（以汝所硬派做本加一萬六，乃吾所知），於是疑汝甚，至而吾亦因汝心痛，病數日。此時，豈止疑汝恨甚，幾欲控布，徒念情義至深中止，幾幾決裂矣。」接著康有為解釋納息還有商款並非公款等等情事，再說到：「總之，此次我實過疑，致起不肖之心剋核，遂至而弟從前數目未清，適遭港、墨事不妥，弟生坐其禍。今皆作過去煙雲，前事可勿計。吾與弟經此閱歷，各省躬思過，痛改之，可也。」似乎對於譚良的辯解，康有為也有所接受，才會有「各省躬思過，痛改之」之語。但康有為還是提出他解決此事的辦法：「一、瓊樓本息雖與孝數無關，惟前借二萬四千後，馮手交數萬必應清息（照原立單）。一、孝前經手七千，後多養五十（宜侃數未交到，可罷論），其息勿問。五十及卓如、同荷學費認之可也。璧借款，孝自追。其餘孝收過公款代支公事者扣之。商款則必須納息，與公不同。學款歸瓊樓清之。」此信雖有意安撫譚良，但最後康有為還是按耐不住性子，申斥譚良：「孝以為總局人人亂來，真是謬甚！且如季雨、銘三經手六年，何有少借誤？若人人少借誤，吾即疑心生矣，孝真妄心也！」，「謬甚」、「真妄心」這種重話，也導致康、譚兩人終將走向決裂的地步。

譚良為了徹底澄清清白，最終決定將瓊彩樓的帳目及他與康有為之間的相關來信，一併結集為《徵信錄》，於一九〇九年一月在美國出版。他在序中說：「用是掇拾殘陳，彙刊徵信，以明心跡而折流言」。其中有「抄白各項信據」是將康有為、康有霈等有關瓊彩樓的資金來源、性質、用途的信件，完全披露，白紙黑字，無從狡辯。《徵信錄》同時也揭開了康有為那燦爛的「聖人」長袍下的滿目瘡疤，譚良一針見血地指出，這場經濟醜聞的實質，就是「金錢主義最涉嫌疑」。

對此，康有為也痛下殺手鐧，將譚良驅逐離店。他在一九〇九年四月十二日給梁啟勳（仲策）信云：「今至派璧及國賢辦理，仲策聞甚出力，應於此次助同璧、賢，徹底一清，勿使再累。……譚賊大奸，吾黨必不與之共事。吾身有幾，難為之累嘔血。彼實無一文之本（良四千，昌五百，皆借公款），必逐彼離店，代之頂股，一清百清乃可。再不得已，亦當令彼不得與事，同於外股（然此亦多萌孽，恐又生他患），彼奸心實辦事以來未之見，彼挾出名，則可率全美各會作證，令攻彼偽，醫以去之，否則在粵抄沒其產，必不容彼共事。」

至此，師生徹底翻臉，保皇黨內則一片混亂，出現「倒康」和「護康」的局面。「倒康」的如楊靈石，他也曾奉康有為之命協助譚良辦理商務，對瓊彩樓也傾注不少心力。而當他見到康有為給譚良的信，斥責他「壞極」，甚至把他當做「內奸」時，他在一九〇九年六月二十二日寫信給康有為云：「今見長者與張孝當日之信，令我如冷水澆背，不能自已。茲將其刊出之信付上，望即伸明當日從何得此說來，併發函砵崙並各埠，查靈一生行為，果有半點私心而對人不住否。雖然，人心難測，諸人吾已薄知，竊念未必一至於此也。長者不可不解此題，以釋吾終心梗也。……夫人之自立者，全憑道德而已，道德喪地，則不可問也。靈雖窮乏，而品志猶高，名譽更謹慎也。」

而保皇會的副會長梁啟超對於康有為與譚良的財務糾紛，不甚知情。他在一九〇八年一月二十六日回覆康有為的信說：「來書又言為張孝騙去十餘金，此事又何如，弟子絕未聞知，尚有挽救否。人心險巇，一至於此，太行孟門，豈云巉絕，憤悶何已。」而另一副會長徐勤（君勉）在一九〇九年六月則公開布告並斥責譚良云：「乃譚張孝以詭謀誘紐局諸人……譚張孝自借四千，譚昌借五百，二譚以無本生涯，冒認多股，遂至全為譚張孝所據，十三萬四千之本，無一文息之交。」對於徐勤的說辭，譚良則發表公開信強烈反駁說：「其中所言瓊彩樓事，多有不實不盡之處。然他不知首尾，弟亦不怪。但是非顛倒，甚為不妥，若任其胡言亂語而不伸訴，是有原告而無被告也。……雖然，弟事甚小，庸何傷哉！所可惜者，十年患難與共之人，無一不凶終隙末，甚或恩將仇報，諸君試思之，可為寒心也。」至於曾任保皇會維多利亞分會負責的駱月湖在一九〇九年六月十九日給康有為的信云：「至譚張孝、譚昌兄等所揭銀行之銀，亦要追還。鳥局諸人如此輕信，既放出而追還，連息而不納，可知張孝亦非顧大局。」而康有為妹妹的遺腹子，也就是他的外甥游師尹在一九〇九年三月二十五日致康有為的信中說：「張孝亦以人心如是，故敢明拒，至將舅父所與他之信件盡映印發各埠。如朝廷有好消息，必須報此陰謀。孝當舅父至難之際，而挾人心慫各埠以拒，可惡之極！瓊事銘亦有罪焉，非小罪也，但不必大責，以迫其變。」

《徵信錄》的發表，也是譚良和康有為交情的終結，譚良也退出瓊彩樓的領導班子，由新加坡華僑之子周國賢（一九一四年他娶了梁啟超的長女梁思順）和康有為的外甥游師尹接管。但依舊無回天之力，至一九一一年七月二十日國內的何家本尚有致函譚良說：「前足下創辦之瓊彩樓招弟附股，以勉揭棉力附些股及經手招些股，約共美金萬餘元。細閱所定章程，本擬兩個月分利，今屆指計之，已閱五載，音訊渺然，不特弟藉此為仰事俯蓄之資，而各親朋之附股者接踵臨門，詢問音耗，令人望眼欲穿，弟亦幾難應答。親友中靠此為生活者不少，故萬分焦急。其瓊彩樓所寄來月報或得或失，不能接續。而前年及去年年終總結並未得見，究不知盈虧如何？側聞該樓司事等虧空數萬金，如果屬實，則該司事之擔保人應負賠償之責，萬不能含糊了結。請我兄將瓊彩樓自開辦迄今如何辦理及歷年溢利若干，現在應分溢若干，伏乞詳細示知，並請將溢利匯還，以應急需，則感激無量。」而從一九一一年十二月二十九日何家本給譚良的信中得知，譚良有告知何家本目前「徐士芹、康桂字等把持樓事」。而一九一一年十月十九日新加坡的黃處達也向譚良查詢：「蓋前時招股，皆弟與端文哥經手，故不能辭責。現弟與端哥皆遠隔，已鞭長莫及，願兄就近設法挽回，從中整頓，即萬無著手之處，亦求囑他們當事人循例將月結年結付唐，以敷衍塞責，免弟白受人詰問，諸多為難。」

而據譚精意所查考的資料直到一九一四年，瓊彩樓遷到倫道夫西街（West Randolph St.）五十七號。時有美國保皇會會長、波士頓人Chin K. Shue出任瓊彩樓董事長，紐約保皇會會長趙萬勝（Joseph Singleton）任總經理。一九二四年陳宏勳（Chin F. Foin）死後，有紀錄可證，梅宗周（Moy Dong Chew）為保皇會領導人時，聲稱由他負責瓊彩樓。

對於瓊彩樓的財務糾紛，學者莫世祥的看法是「由於資料不足，今人或許已無法判明康、譚等人在瓊彩樓債務糾紛問題上的誰是誰非，但是卻可以從他們相互指責的信函中感覺到商場的風險與誘惑對康門的侵擾和腐蝕。」「康門在海內外創辦的各種實業，最初幾乎都是依靠這種患難與共的『草堂師弟之誼』興辦起來的。然而上陣須靠父子兵，商場卻無父子情。金錢的魔力迅速切斷傳統倫理道德維繫的草堂師弟之誼，商場的風險則使康門在大起大落的經營中變得浮躁與多疑。」康有為對於保皇會的財務有絕對的掌控權，而多樣的實業同時在進行，隨意挪用商款，挖東補西，成為他救急的辦法，而這正是犯了商業經營之大忌。而「因財失義」，他失去的不僅是瓊彩樓和譚良等小事而已，卻是整個保皇會人心向背的大問題。

千年滄桑〈寒食帖〉

蘇東坡的〈寒食帖〉曾被譽為繼東晉王羲之〈蘭亭序〉、唐代顏真卿〈祭侄稿〉之後的「天下第三行書」。歷代鑑賞家均對〈寒食帖〉推崇備至，稱道這是一篇曠世神品。根據明朝董其昌的說法，東坡作書，故意餘紙數尺，且自言「以待五百年後人作跋」，這有著東坡傲岸的自負，令人遙想當年他筆酣墨飽，深自得意的景象。〈寒食帖〉完成直到十餘年後，好友黃庭堅（山谷）題上第一個跋文，推崇備至，傾倒已極，其中有云：「試使東坡復為之，未必及此。」，也就是說即使請東坡再寫也寫不出如此高妙的作品了！黃庭堅的題跋寫得比蘇東坡的原詩字體還大，筆走龍蛇，確有與東坡爭勝的心態，而〈寒食帖〉也因有黃庭堅的題跋，而令其身價更高。「蘇、黃、米、蔡」宋代四大書家，在此帖已囊括其半了。

而〈寒食帖〉之所由作，不能不由蘇東坡的仕途談起。宋神宗元豐二年三月（一〇七九）蘇東坡從徐州調任湖州，他照例給朝廷寫封感謝信〈湖州到任謝上表〉。表中有：「伏念臣性資頑鄙，名跡堙微，議論闊疏，文學淺陋。……知其愚不適時，難以追培新進；察其老不生事，或能牧養小民！」當時新舊兩派的長期對峙，鬥爭十分激烈，蘇東坡維護守舊派，不贊成變法，於是新黨便把握這個大好機會，把這些話曲解，還以蘇東坡所寫的《元豐續添蘇子瞻學士錢塘集》詩詞百餘首，從中掐頭去尾，進而用來歷數蘇東坡的罪行，作為罪證。他們指蘇東坡借古諷今，謗訕朝廷，影射皇帝。他們以此作為把柄，彈劾蘇東坡欺君妄上。結果蘇東坡被冠以「文字譭謗君相」的罪名而在同年七月二十八日被捕，並自湖州押解回汴京，「頃刻之間，拉一太守，如驅犬雞」，如此走了二十多天，猶如一路示眾。八月十八日投入御史臺監獄，二十日，被正式提訊，史稱「烏臺詩案」（烏臺即御史臺）。「烏臺詩案」是北宋一場有名的文字獄，凡與蘇東坡有詩文交往的人都被進行了調查追問，稍有牽連之人，無論其官職大小、資歷淺深，都受到了不同程度的處分。其中受到打擊最為沉重的當然是蘇東坡本人了，他們捕風捉影，羅織罪名，在獄中對蘇東坡進行了種種迫害。這場由詩惹出的大禍，在蘇東坡的思想情緒上引起了極大的波動，在湖州至京城的押解途中，他曾試圖縱身江流，在獄中也曾準備服藥自盡。此案件一直持續至同年十二月二十九日，蘇東坡在眾人的保舉下才被釋放。總之，「烏臺詩案」對蘇東坡來說無疑是他一生中最初遭受的一大摧殘。

釋放後的蘇東坡，被貶到黃州充任團練副使，那是「從八品」的小官，而且被限制居住自由，不得任意他往，還有「不得簽書公事」，也就是說他無權簽署公文，那形同流放了。他在黃州謫居的時間長達四年兩個月，這是一段失意、艱難的日子。但「國家不幸詩家幸，賦到滄桑句便工」，這段期間蘇東坡達到了他一生創作的頂峰。數量上，在黃州寫了七五三篇作品，其中詩歌二一四首，詞七十九首，散文四五七篇，賦三篇。質量上，蘇東坡最有影響的作品多出自黃州。蘇東坡許多名篇大作諸如〈念奴嬌　赤壁懷古〉、〈前赤壁賦〉、〈後赤壁賦〉等作品均創作於此。藝術上的頂峰是在黃州，文學上的代表作「一詞二賦」、書法上的代表作〈寒食帖〉都作於黃州。余秋雨在〈蘇東坡突圍〉中寫道：「蘇東坡成全了黃州，黃州也成全了蘇東坡。」他說蘇東坡到黃州「完成了一次永載史冊的文化突圍。黃州，注定要與這位傷痕累累的突圍者進行一場繼往開來的壯麗對話」。

〈寒食帖〉的內容是五言古體詩兩首：

自我來黃州，已過三寒食，年年欲惜春，春去不容惜。
今年又苦雨，兩月秋蕭瑟。臥聞海棠花，泥汙燕支雪。
闇中偷負去，夜半真有力。何殊病少年，病起須已白。
春江欲入戶，雨勢來不已。小屋如漁舟，濛濛水雲裏。
空庖煮寒菜，破竈燒濕葦。那知是寒食，但見烏銜紙。
君門深九重，墳墓在萬里。也擬哭塗窮，死灰吹不起。

當時的蘇東被貶黃州，在艱苦的環境中整整生活三年，體力漸衰。處在黨爭的夾縫之中，儘管他心胸豁達，終不免有激忿、失意和牢騷。詩以寒食雨為題材，集中抒寫貶謫以來在飲食不具，藥醫全無，疾病纏身的痛苦感受。第一首從愛惜春光，愛惜花枝，以寫愛惜生命，暗藏身世之感；第二首從傷久雨，傷貧困，到傷貶謫之悲，尤其末四句長歌當哭，蒼茫深遠，沉痛之至。窮困潦倒的詩人，在寒食節倍感淒涼，瞻望前程，不免有阮籍的窮途之哭，茫然而無助，有如槁木死灰！作品的前半部比較平穩，筆觸沉著、寧靜，行間也顯得疏朗。但隨著作者內心的躁動，傷感情緒的激增，書法線條變得越發凝重，字的形體也漸漸增大，行距相對縮小。尤其回想當年為官自由出入朝廷，現在的君門卻是那樣的深不可測，連悼祭愛妻王弗，都無法到墳前焚紙。此時作者的心情，起伏跌宕再也抑止不住了。書畫家張清治教授在談到〈寒食帖〉時說：「通觀此篇全面有緩起漸快的節奏，也有由小及大的字體；復有由細漸粗的筆情，更有始淡終濃的墨趣；始則漫聲細訴，娓娓道來；又如病床話語，欲振乏力。所以前篇觀來，淡淡憂愁而情志蕭索；後作則放任聲腔，或孑然飲泣，或悽然長嘯。」

〈寒食帖〉寫於何時，作者並沒有詳明，我們根據詩中「自我來黃州，已過三寒食。」來推斷，當在元豐六年（1083）前後。但清末民初收藏家裴景福（1854～1924）在其《壯陶圖書畫錄》中認為：「此卷坡詩後書：右黃州寒食二首七字，余疑作追憶語，並非黃州時書。」苟若如此，那時間將要移到一〇八四年之後了。

〈寒食帖〉誕生後，為蜀州江源人張氏所有。幾經周轉，傳到了河南永安縣令張浩之手。由於張浩與「蘇門四學士」之一的黃庭堅相熟識，元符三年（1100）八月，張浩攜詩稿到四川眉州青神縣謁見黃庭堅。黃庭堅一見詩稿，十分傾倒，激動之情難以自禁，於是欣然命筆，在卷尾，寫出他一生中最動人的書法。云：「東坡此詩似李太白，猶恐太白有未到處。此書兼顏魯公、楊少師、李西臺筆意。試使東坡復為之，未必及此。它日東坡或見此書，應笑我於無佛處稱尊也。」黃庭堅評語精當，書法妙絕，氣酣而筆健，令人嘆為觀止，與蘇詩蘇字並列可謂珠聯璧合。

此後〈寒食帖〉成為張氏傳家之寶，南宋時張浩的姪孫張縯（字季長，南宋隆興元年進士）在黃庭堅跋後，以寸楷題有長跋。之後，〈寒食帖〉曾入「荊湖南路轉運使」收藏，蓋有官府大印。到了元朝為張金界奴所收藏，蓋有「張氏珍玩」、「北燕張氏珍藏」之章。約在天曆二年（1329）張金界奴將其進獻給元文宗圖帖睦爾（1304~1332），蓋有「天曆之寶」大印。元朝為明朝所滅之後，元內府的收藏盡歸明內府。到明朝中晚期，〈寒食帖〉流出宮外，曾為韓世能（1528~1598）所收藏。韓世能曾為董其昌（1555~1636，字玄宰，別號香光）的館師，因此董其昌有機會看到〈寒食帖〉，他驚嘆之餘，寫下題跋：「余生平見東坡先生真蹟。不下三十餘卷。必以此為甲觀。已摹刻戲鴻堂帖中。董其昌觀並題。」明末時，為韓世能的兒子韓逢禧所收藏。

到了清順治年間（1644~1661）〈寒食帖〉為吏部左侍郎孫承澤（1592~1676）所收藏，蓋有「北平孫氏」、「退谷」之章。清康熙年間（1662~1722），轉入納蘭成德（字容若，1655~1685，滿洲正黃旗人）之手，納蘭容若是宰相納蘭明珠之子。精鑑藏，善書能詩，尤工詞，著有《飲水詞》、《側帽詞》。他對於〈寒食帖〉極為寶愛，在上面蓋了「楞伽」、「成德」、「成子容若」、「楞伽山人」、「容若書畫」等數枚收藏印。大約在乾隆十年（1745）前後，〈寒食帖〉又進入內府收藏。乾隆十三年四月初八日，乾隆帝親自題跋於帖後：「東坡書豪宕秀逸，為顏、楊以後一人。此卷乃謫黃州日所書，後有山谷跋，傾倒至極，所謂無意於佳乃佳……」為彰往事，又特書「雪堂餘韻」四字於卷首。乾隆十五年，敕命梁詩正摹刻入《三希堂法帖》（全稱為《御刻三希堂石渠寶笈法帖》，共三十二冊）中，〈寒食帖〉載在第十一冊。乾隆五十八年，則編入《石渠寶笈續編》。

〈寒食帖〉下緣有連續的燒痕，對此顏世清（字韻伯，1873~1929）的題跋說：「此卷劫餘，流落人間，有燒痕印，其時也。」也就是說〈寒食帖〉的燒痕來自於清咸豐十年（1860）英法聯軍入北京，火燒圓明園之劫餘，從此〈寒食帖〉由清宮流到民間。但另一收藏家裴景福在《壯陶閣書畫錄》卻有不同的說法，他認為〈寒食帖〉在清同治初年（1862年以後）時為廣東人馮展雲（譽驥）所得，後來馮展雲任陝西巡撫時，將〈寒食帖〉存放在京師質庫中，裴景福說：「質庫中不戒於火，他書畫多付一炬，此卷墨跡下角紙邊已微有灼損痕。」而馮展雲卒後，〈寒食帖〉一度寄質在裴景福處，但不久就被贖回。到了清光緒十三年（1887）秋，裴景福說：「余屬琉璃廠論古齋蕭君往廣州探訪之，盛伯羲祭酒亦托其代購，余不知也。蕭以五百金得之，過滬上，秘不出。予至其寓所窮搜而後得，以原值加百金取之，遂摹入壯陶閣帖。」次年，裴景福入京，盛伯羲囑張劭予學士堅勸其相讓，遂以原值易去。〈寒食帖〉又從裴景福手中轉入盛伯羲（盛昱，字伯熙、伯希、伯義，1850～1899，室名意園、鬱華閣）的手中了。

另羅振玉的題跋（1924年所寫的）提到清光緒二十八年（1902）有人攜〈寒食帖〉到武昌張之洞的官邸，有所干求，張之洞不受，客大失望，於是請其題識，當時同觀者有端方、梁鼎芬、馬季立（貞榆，為張之洞較看重的幕僚之一，曾任兩湖書院經學館館長）和羅振玉。張之洞察出物主有所企圖，於是狡獪地說黃山谷是蘇東坡的老友，他已佳評在先了，我安敢竊議其後呢？終沒有下筆，他請座中諸人，亦無一敢下筆者。羅振玉因此讚美張之洞說：「文襄事功，昭昭在人耳目，而持躬嚴正，不可於以私，即此一事，已見一斑。」而香港掌故家高伯雨也說：「我們讀此題記，可見之洞居官清正，包苴不進，就是文玩之物，也不輕易投其所好。」對此香港收藏家許禮平說：「〈寒食帖〉是內府的失物，作為方面大員，怎會在這失物上題字呢？要是題了，白紙黑字更有私印，碰上御史一奏，即使不是『接贓』，也起碼是『失察』，或『知情不報』。」他更引了《大清律例》中的有關條文來說明這是犯法的。至於羅振玉所見的這位持有〈寒食帖〉的人，應該善寶，也就是盛昱的養子（盛昱無子，以從弟盛昆子善寶為嗣），因為盛昱早在兩三年前就過世了。

盛昱過世後，完顏景賢（1876～1926，字享父，號樸孫，滿洲鑲黃旗人，是民國初年北京最著名的書畫收藏家）日夕與善寶交遊，極力慫恿善寶出售家藏。鄧之誠《骨董續記》有一則，詳記盛氏藏品散失的過程。他說：「盛伯希祭酒，自謂所藏以宋本《禮記》、〈寒食帖〉、刁光胤〈牡丹圖〉最精，為『三友』，身後為其養子善寶斥賣。」其中「三友」以壬子（1912）夏歸於景樸孫，當時還立有契約，言：「今將舊藏宋板《禮記》四十本，黃蘇合璧〈寒食帖〉一卷，元人字冊一十頁；刁光胤〈牡丹圖〉一軸，及〈禮堂圖〉一軸，情願賣與景樸孫先生，價洋一萬二千元正。絕無反悔。日後倘有親友欲收回各件，必須倍價，方能認可。恐空口無憑，立此謂據。善寶押。舊曆壬子年五月二十日。」此賣券為書畫家啟功（1912~2005）的叔父得之琉璃廠，後由廉泉（南湖，1868~1931）影印流傳。誠如啟功所言，此數件皆「皇皇巨跡，莫非國寶，即在當時，所值亦不止此」。善寶可說是賤賣了。

一九一三年梁鼎芬為景樸孫所藏的〈寒食帖〉題簽（梁的題簽是貼在包首上，一般圖冊沒有刊印出來）云：「宋蘇文忠黃州寒食帖真蹟，張文襄稱為海內第一，意園物，獻龕藏，宣統癸丑二月，梁鼎芬題記。」意園是盛伯羲之園名，獻龕是景樸孫的字，而此時已是民國二年，梁鼎芬仍以「宣統癸丑」稱之，可見其遺老心態。這是梁鼎芬第二次見到此卷，十一年前在張之洞武昌官邸同觀時，無一人題識，十一年後卻題了。高伯雨說：「梁鼎芬事之洞惟謹，之洞所喜者喜之，所惡者惡之，所以不敢題一字。到一九一三年，之洞死已三年多了。」許禮平也認為當時除了不敢在清內府失物上題字外，張之洞不題，做為僚屬的梁鼎芬自然不敢題，否則便是僭越。

一九一五年裴景福入京時，再度見到〈寒食帖〉。他在《壯陶閣書畫錄》中說：「復見之景樸孫處，距初得將三十年矣。」而日人內藤虎（即內藤湖南，1866~1934，是二十世紀初日本近代中國學領域的重要學者，日本中國學京都學派的主要創始人之一）在一九一〇年拜訪收藏家端方府邸時，也順道拜訪了完顏景賢。而他看到完顏的大量書畫，還是在一九一七年十月，當時為捐助華北水災而在北京中山公園水榭舉辦的「京師書畫展覽會」上，那是首次舉辦的私人收藏家所藏書畫聯合展出。內藤在同年十二月二十七日《大阪朝日新聞》上發表的〈支那視察記〉中提到這次書畫展他見到了完顏景賢、寶熙、袁勵準、陳漢第、顏世清等書畫鑑賞家。而他在一九二九年給阿部房次郎編的《爽籟館欣賞》寫的序說：「大正丁巳（1917）冬，余遊燕。是歲，直隸大水，黃河以北連數十州縣民居蕩然，幾絕烟火。燕之搢紳，為開書畫展覽會者七日，以其售入場票所贏，助賑災民，各傾篋衍，出示珍奇，蓋收儲之家二十有九氏，法書寶繪四百餘件，洵為藝林鉅觀，先是所未見也。余因獲飽觀名跡，而尤服完顏樸孫都護之富精品。」當時內藤就認為完顏的藏品是參展諸家中最好的。他也在此展覽會上初見〈寒食帖〉。

據趙珩的〈古物陳列所與京師書畫展覽會〉文中說：「在《京師書畫展覽會展品目錄》上，完顏景賢排名第一，所提供的書畫展品幾乎為全部展品之半數。其他還有完顏家族的另一位收藏家，也是景賢的叔父衡亮生以及葉恭綽、關冕鈞、郭葆昌、顏世清等數十人。提供的展品除宋元以來的書畫珍品之外，也有碑帖、寫經、手札、成扇等多項，皆為世所罕見的傳世重寶。如景賢提供的所藏蘇軾〈寒食帖〉，經歷朝內府收藏，英法聯軍火燒圓明園後流落民間，幾經輾轉，為景賢所得，此次展陳在京師書畫展覽會上，引起各界的廣泛關注。也正是在這次展出後，次年景賢將此帖轉售藏家顏世清。」一九一八年〈寒食帖〉轉傳到顏世清（韻伯，1873~1929，室名寒木堂）手中。同年陰曆十二月十九日為蘇軾生日，顏韻伯作跋記錄此事本末：「……越六年，是為戊午，乃由樸孫轉入寒木堂，……余恐後來無由知其源委，用特識於卷尾。……戊午東坡生日，瓢叟顏乙記」。

學者陳振濂在〈民國初北方書畫收藏圈世相〉文中說：「在北京，顏世清聯合周肇祥與日本畫壇領袖大師渡邊晨畝聯手，由渡邊晨畝提議並積極推進，打造了一個『日華繪畫聯合展覽會』的交流平台。第一屆一九二一（北京、天津）、第二屆一九二二（東京）、第三屆一九二四（北京、上海）、第四屆一九二六（東京、大阪）。形成一個橫跨六年之久的品牌。正是有顏世清這樣的獨一無二的中日兩國繪畫界極好人脈關係，他才被視為日本書畫家熱心中日交流的第一窗口。」而一九二二在日本東京舉辦的「顏氏寒木堂書畫展覽會」，顏韻伯將〈寒食帖〉帶入日本，後來高價售於日本富商菊池晉二（號惺堂，1867～？，為日本銀行界名人。尤喜收藏，東都罕有其匹）。

一九二四年內藤虎在〈寒食帖〉題跋中說：「韻伯為顏筱夏方伯子，家室貴盛，大正壬戌（1922）來遊江戶（東京）時，攜此卷，遂以重價歸菊池君惺堂。」張伯駒在其《春遊瑣談》中說：「顏韻伯與關伯珩同時以鑒藏書畫著名，……售予日人之東坡〈寒食詩〉帖，為蘇字之最精。余收有其項聖謨設色花卉冊。顏氏身後蕭條，全部所藏售出抵債。」而葉恭綽的《矩園餘墨》云：「瓢叟（韻伯）跋中所稱山谷〈伏波神祠詩卷〉及龍眠劇跡，亦在余所，惜〈寒食帖〉已往東瀛矣。」

但據十九世紀末日本著名書店「博文堂」的老闆原田悟朗（1893～1980）在他的口述回憶錄中

說，〈寒食帖〉與南宋李氏的〈瀟湘臥遊圖卷〉（今藏東京國立博物館），均購自於古玩收藏家郭葆昌（1867~1942）手中。而郭葆昌說〈寒食帖〉是「從他的親戚那兒賣出來的」。清末民初，原田悟朗開始從事中國文物買賣，曾入清宮參觀內府收藏，並結識了陳寶琛、傅增湘、寶熙、郭葆昌等多位清廷高官。原田回憶說：「這件東西當時費了不少力。所以拿回日本的時候，所謂『貼身』的說法就是這樣了，抱得緊緊地回來了。乘船的時候也是，那時候還沒有塑膠薄膜，所以就用幾張油紙包著，心想就是船沉了，掛在脖子上也要游回來，把它放在臥鋪的枕頭旁帶回來的。」但因價格高昂，不易脫手。他就去找銀行家菊池晉二，菊池說讓他考慮一天時間。第二天晚上，就決定購藏。

又〈寒食帖〉最後有郭栅（彝民，則生）浮貼之跋文：「蘇文忠〈寒食帖〉由顏韻伯以金六萬元售於菊池惺堂。已見內藤跋於龍眠瀟湘圖。係團匪亂流入日本。書估菊池親屬某以六千元收得，以六萬元轉售於菊池。價差甚鉅。書估菊池俱大非之。幾至興訟。事在菊池購蘇帖之前。前跋誤載此段。今再志。以之存其真。郭彝民又記」。對此陳階晉在〈一九二二～一九八七蘇東坡寒食帖自東瀛回歸臺北故宮之經過〉文中說：「至於郭栅跋文所言〈寒食帖〉以六萬元轉售予菊池氏，並見於內藤氏跋〈瀟湘臥遊圖卷〉云云，當非屬實；由於〈瀟湘臥遊圖卷〉內藤氏題跋並無六萬元售予菊池氏之語，其根據為何？尚待釐清。」〈寒食帖〉到底是顏韻伯售於菊池惺堂呢？還是原田悟朗自郭葆昌處購得，再轉售於菊池惺堂呢？

對此根據學者衣若芬在〈浮生一看──南宋李生《瀟湘臥遊圖卷》及其歷代題跋〉一文，談及一九〇二年五月，清代桐城派大家吳汝綸曾赴日本考察學制，同年秋天他看到了〈瀟湘臥遊圖卷〉，並在該圖上有題跋：「壬寅新秋，在日本東京獲睹此珍寶，為之把玩不置，龍眠鄉人吳汝綸率子啟兒與杜生之堂、李生德膏、郭生鐘韶同觀。」可見早在這之前，〈瀟湘臥遊圖卷〉已經流入東瀛，而當時原田悟朗年紀還不到十歲，而〈寒食帖〉當時也還沒流入日本，因此〈寒食帖〉與〈瀟湘臥遊圖卷〉都絕對不可能經由他之手到日本，他雖言之鑿鑿，但卻是不可信的，不過是古董商人「自抬身價」的說法罷了。

一九二三年九月東京大地震時，菊池家著火，他奮力搶出了最愛的三件寶物〈寒食帖〉、〈瀟湘臥遊圖卷〉及日人渡邊華山的〈于公高門圖〉，其餘書畫藏品大多付之一炬。內藤虎在一九二四年四月以小楷長跋於卷後云：「……關東地震，都下毀於火者十六七。菊池氏亦罹災，先世以來收儲，蕩然一空，惺堂躬犯萬死，取此卷及李龍眠瀟湘卷，而免於災。一時傳為佳話。」其後，〈寒食帖〉寄存內藤虎處逾半載。內藤虎「昕夕把玩，益歎觀止」。一九二四年羅振玉作長跋以記其事：「……今重觀此卷，追憶往事，爰書之卷後，以記公之清風亮節。玉當日與諸公並几展觀。情況宛在目前。公與忠敏、文忠既先後騎箕天上。季立亦委化。惟頭白門生尚在人世耳。 寶重逢。曷勝忻慨。」他回憶二十二年前看〈寒食帖〉的情景，除稱讚張之洞之清風亮節，而當年同觀諸人端方、梁鼎芬、馬季立都已物故，如今自己也頭白了。但一九二四年羅振玉在天津，而〈寒食帖〉

此時已流入東瀛，羅振玉何能「重觀此卷」呢？查此題跋為浮貼的，羅振玉與內藤早是老友了，或應內湖之請，題了寄給他的，並無「重睹」原帖。

二十世紀初，日本的東坡迷舉行了五次「壽蘇會」，是為蘇東坡賀壽的聚會，日期是農曆十二月十九東坡誕生日。五次分別是在大正五年（1916）、大正六年（1917）、大正七年（1918）、大正九年（1920）及昭和十二年（1937）舉行，參與者多是有名的學者，如第一次壽蘇會，就有羅振玉、羅福萇、王國維、狩野直喜及內藤湖南等。第五次的「壽蘇會」適逢蘇東坡誕辰九百年，故聚會規模較大，他們在京都鶴屋舉行，此次將〈寒食帖〉與大阪阿部房次郎所藏東坡書〈李太白詩卷〉同室展覽，轟動一時。

〈寒食帖〉雖流入日本，但早為張大千所覬覦之物，根據朱樸（省齋）在《海外所見中國名畫錄》書中有〈記蘇東坡「寒食帖」〉云：「勝利之後，大千與余，同寓香港，大千對於斯帖以及李龍眠〈五馬圖〉兩卷，深為關懷，而尤惓惓於前者。良以二十五年前（唐宋元明展覽會與宋元明清展覽會之間）曾在菊池惺堂私邸中獲觀此卷，念念不忘。當時並承菊池氏贈以珂羅版影印本一卷，旋為譚瓶齋所見，愛而假去，後即永未歸還者也。五年之前，大千囑余馳函東京日友探詢，嗣得覆書，兩卷索價美金萬二，當時以如此鉅數，籌措不易，因覆以先購蘇書，備金三千，議既成矣，大千即專程赴日，不意早二日已為臺灣王雪艇所知，立電所謂『駐日代表團』郭則生，益以一百五十金而先落其手中矣。」對此資深記者也是張大千的友人黃天才在東京一次閒談中，曾問過大千是否真有其事，大千似乎很不高興的說：「他們亂說的，我怎麼會和雪艇先生搶買東西呢？當年我在香港聽說〈寒食帖〉持主有意出讓，我很著急，唯恐又被日本人或外國人買去，這是我們的國寶呀！幸虧郭則生報告了雪艇先生，才由雪艇先生買下了，只要還在中國人手裡，我就放心了，我怎麼會和雪艇先生搶買東西！」

雪艇乃王世杰（1891～1981）的號，他在政務之外，癡迷於古代書畫，收藏了眾多名蹟，其中最著名的應屬〈寒食帖〉。王世杰在一九四八年一月二十二日記中說：「日本私人收藏之中國書家名跡，為王獻之〈地黃湯帖〉、顏魯公〈自書告身帖〉、蘇東坡〈寒食帖〉（有黃庭堅跋）、米襄陽〈樂兄帖〉。王、顏兩帖聞已入日本博物館，蘇、米兩帖尚可收購。予因托友人試為收買。」文中的友人，即是郭則生（郭柟，字彝民），據黃天才說郭彝民是東北人氏，畢業於日本東京帝國大學，二戰之前，臺灣在日本統治期間，他任中華民國駐臺灣總領事。他在二戰結束之初，被派在我國駐日代表團任職，及至「國共內戰」末期，國軍戰事失利，政府播遷來台，郭老即自外交部退休，在日本僑居下來。而王世杰在一九四五年七月接任外交部長至一九四八年十二月，才離任。王、郭兩人自是相當熟稔。

王世杰撰有《雪艇書畫錄》、《賞心錄》稿本，其中《雪艇書畫錄》有購買〈寒食帖〉的時間與資金：「蘇軾〈寒食帖卷〉，卅九年十二月，美金三五〇〇元」。他在《藝珍堂書畫》序言中說：「余於二次世界大戰期內及戰事甫告終結之時，曾數度遊歷法英美日諸國。爾時中國書畫，在世界藝術品市場，殊為冷落。在法日兩國，幾於無人收蓄。余因獲以最廉價之值，使曾經流入國外之三數名跡，重返祖國。此為余平生快意之一事。」其中「以最廉價之值」購得〈寒食帖〉，與美金三五〇〇元，大致是相符的。

一九五〇年底〈寒食帖〉運至臺北。一九五一年一月五日的羅家倫日記云：「在雪艇處得見東坡黃州寒食帖墨蹟，新自東京帶來者，為一希世之寶。閱後對蘇字的認識，為之改變。其中游絲，在珂羅版上，亦未現出。此誠為坡公第一得意書。山谷謂，坡公再書，亦不能及此，洵非虛語。此件曾藏日本阿部次郎（案：應該是阿部房次郎）家，阿部已死，其家人新售出。」〈寒食帖〉一直是菊池惺堂所珍藏，是羅家倫日記記錯呢？還是王世杰告知羅家倫時一時「口誤」把菊池惺堂說成阿部房次郎呢？詳情不得而知。

經過多年，直到一九五九年元旦，王世杰於卷後題記七行：「東坡先生此帖，曾罹咸豐十年英法聯軍焚毀圓明園之厄。爾後，流入日本。後遇東京空前震火之劫。詳見卷後顏世清、內藤虎兩跋。二次世界戰爭期間，東京都區大半為我盟邦所毀，此帖依然無恙。戰事甫結，予囑友人蹤跡得之，乃購回中土。並記於此。後之人當必益加珍護也。」

〈寒食帖〉在王世杰處珍藏二十年後，有人問價了。一九七〇年一月二十六日《王世杰日記》，記有：「林熊光託譚旦冏君來言，謂有人願以美金四萬元購余所收〈寒食帖〉，詢余能否接受。余堅決拒之。」林熊光是臺北板橋林家林柏壽的堂侄、林熊徵的胞弟。大成火災海上保險株式會社董事長，雅好書畫骨董，有極高之鑑賞蒐藏能力，得宋人徐熙〈蟬蝶圖〉、米友仁〈江上圖〉、李公麟〈春讌圖〉，以及燕文貴〈夏山行旅圖〉，皆是真跡神物，遂以齋名為「寶宋室」以寵之。而譚旦冏當時是臺北故宮博物院副院長。又同年六月二十五日《王世杰日記》記有：「方聞來家看畫。據彼囑古董商人張鼎臣來說，願以十五萬美元購余所藏之東坡〈寒食帖〉，又古董商程琦日前託譚旦冏（故宮博物院副院長）來說，願以美金五萬元購此卷，余均斷然拒之。余之藏書畫，決不欲以此圖利。」方聞一九三〇年生於上海，先後擔任普林斯頓大學教授、藝術考古系主任、紐約大都會藝術博物館亞洲部主任等職務。張鼎臣是香港著名古董商，程琦則是旅日僑商，古物鑒賞家。（程琦過世後，到了二〇〇三年台灣廣達電腦董事長林百里從其後人手中整體收購了程琦的古代書畫收藏，從而一舉成為華人收藏界的巨擘。）

一九八一年四月二十一日，王世杰病逝。〈寒食帖〉等珍藏一度備受各方關注，據傳還有日本人想出高價買回。一九八七年二月臺北故宮院長秦孝儀以專案專款將其購回，是年寒食節並舉辦「東坡寒食帖特展」以茲紀念。〈寒食帖〉歷盡近千年的滄桑流轉，從此不再漂泊了。它從民間流入元內府、明內府、清宮，然後再流出民間，甚至到過東瀛。而歷經多次的「火劫」，都能安然無恙，真是有「神物呵護」。而後人的十一篇題跋，其中有七篇記述著它沉浮的收藏傳奇，而五十多方的收藏印鑑，證明至少歷經十九次的易主收藏（有的收藏名家蓋了好幾個印章）。這些皇室或民間收藏家的印記，永遠留在帖上，也同時銘刻著〈寒食帖〉千年滄桑的生命流程。

我編朱省齋的《樸園文存》

關於朱樸（省齋）的文章，我在幾十年前就在《古今》雜誌讀過，但並沒有想過要編他的文集，而後來又接觸到他在香港出版的《省齋讀畫記》、《書畫隨筆》、《海外所見名畫錄》、《畫人畫事》、《藝苑談往》五本專談書畫的書籍。這五本書早就是絕版書，市面買不到，我記得多年前北京張大千研究專家包立民先生來台北，還請我幫他複印，由於他臨時要，好像只找到四本複印而已，也無法全套齊全。

二〇一六年一月份，我將五十七期的《古今》雜誌，重新復刻，精裝成五大冊上市，極獲好評，這是對朱樸前半生在文史雜誌的貢獻之肯定。今年（二〇二一）我將他後半生對書畫鑑賞的五本著作重新打字校對編排，甚至想辦法把原書黑白的畫作恢復彩色的，希望對他晚年著作的流傳有些助益。在編完這些書後，我突然想到他早年的文章則付諸闕如，也從沒有結集過。那對於他早年的人生歷程及思想似乎無法一窺究竟。因此才萌生有編此《樸園文存》的構想，雖然北京我的朋友謝其章兄曾編過《樸園日記》，但只收十九篇文章，就其文集而言明顯是不足的。於是我花了一段時間，光去中央研究院的圖書館就先後兩次，「上窮碧落」地找了能找到的舊雜誌，還利用上海圖書館製作的「民國期刊全文數據庫」去尋找，分別從《新人》、《東方雜誌》、《中央導報》、

《申報月刊》、《中華月報》、《宇宙風（十日刊）》、《宇宙風（乙刊）》、《大風旬刊》、《興亞月報》、《中央月報》、《太平洋周報》、《古今》、《天地》、《藝文雜誌》、《雜誌》等找出他早期的文章；至於他晚年定居香港時期，主要的文章發表在《熱風》、《大華》、《大人》等雜誌上。

朱樸曾在〈樸園隨譚之二：記筆墨生涯〉一文中，談到他曾經寫過一兩篇關於經濟的文章，於《時事新報》刊出，但目前沒找到。香港中文大學的劉沁樂同學幫我找到一九二〇年出版的《新人》第一卷第五期的〈六種雜誌的批評〉可算是相當早的文章，當年他只有十八歲，尚在中國公學讀書。這是對當時銷路最廣最具影響力的六種雜誌：《新青年》、《建設》、《新潮》、《新群》、《解放與改造》、《新中國》提出批評。而在他進入《東方雜誌》編輯部之後，我找到了一九二二年的〈社會制度論〉，一九二三年的〈評合作運動〉兩文均發表在《東方雜誌》，他離開雜誌社之後，他說他幾乎沒寫過任何文章，直到他一九二九年十月十日刊登於《東方雜誌》的〈國際合作論〉，那是他去歐洲考察所寫的，這和一九三一年七月一日他給汪精衛的信談〈自治期間合作運動之重要性〉是前後呼應的。

朱樸與汪精衛相識極早，應該在一九二八年秋冬之際，當時汪精衛在巴黎，朱樸去歐洲考察，因林柏生之介而認識。但認識周佛海相對比較晚，一九四二年三月二十五日，朱樸在上海創辦了《古今》雜誌，第一期有〈記周佛海先生〉一文，署名「左筆」，文中開頭說：「在舊曆新年久陰乍晴的一天，記者承本刊朱社長的介紹，特往拜謁大名鼎鼎的『和平運動總參謀長』周佛海先生。」由此觀之，朱社長（朱樸）與記者「左筆」應該是兩個人，幾十年來也從來沒有人懷疑過，包括我自己。朱樸在〈《古今》一年〉文中也說：「去年今日《古今》創刊號出版，孤軍突起，一鳴驚人……，有一個刊物想魚目混珠，竟冒用我『朱樸』的名字及《古今》中另一作者『左筆』的名字寫些無聊的文章。」朱樸再次強調「左筆」是另一作者，莫非「此地無銀三百兩」，但卻沒有任何證據來證明兩者「同屬一人」？而直到晚近我看到梁鴻志給他女兒梁文若的遺書（此遺書寫於一九四六年，直到一九七〇年金雄白才發表於香港《大人》雜誌）中提及「吾鄉薄產，損耗已盡……字畫尚有數件，將來擇兩件以畀左筆」，此時朱樸早已和梁文若結婚了，因知「左筆」正是指梁鴻志的女婿朱樸。而若沒見過這份遺書的人，焉能得知此署名？由於「左筆」的署名，我陸續在一九四三年的《太平洋周報》找到〈陳彬龢論〉、〈陶希聖論〉、〈張善琨論〉、〈邵式軍論〉等四篇文章。這些人物在當時都是赫赫有名的，朱樸要月旦他們或許有些顧忌，因此在此特殊場合才用「左筆」的化名。

《古今》於一九四二年三月創刊，一九四四年十月停刊，在這兩年多的時光中是朱樸寫作最豐收的時期，他寫了不少文章都發表於自己的刊物中，有系列長文〈樸園隨譚〉共十篇，除〈引言〉外，有〈記筆墨生涯〉、〈談命運〉、〈懷北京〉、〈記雁蕩山〉、〈憶錢海岳〉、〈《蠹魚篇》序〉、〈海外遊屐夢憶錄〉、〈小病日記〉、〈《往矣集》日譯本序〉。他也談到他用「樸園」名字的由來是一九四〇年四月十五日，他從上海某名收藏家處購得文徵明巨幅真跡一件，得意之餘，就在卷面上書「民國二十九年四月十五日樸園主人購於上海」十九個字，這是他自稱「樸園主人」之始。這其中〈懷北京〉包括他在一九二四年五月十七日發表於《申報》的〈遊頤和園記〉，而〈記雁蕩山〉則包括一九三六年七月發表在《中華月報》的〈遊雁蕩山記〉，新文中引錄舊文，新瓶舊酒，我也姑且放在此系列。除此有關《古今》創辦的經過，有〈漫談古今〉、〈編輯後記：介紹周黎庵〉、〈滿城風雨談古今〉、〈《古今》一年〉、〈《古今》兩年〉、〈小休辭〉，這幾篇文章我把它放在一起，從這組文章中，你將可以看到《古今》的開場與收場。

一九四三年十月蘇青創辦《天地》，由於蘇青曾在《古今》發表文章，朱樸是欠了蘇青的人情，可能拗不過蘇青的邀稿，於是在《天地》創刊號寫有〈梅景書屋觀畫記〉一文。蘇青的邀稿是很難推辭的，朱樸的夫人梁文若就說過，蘇青索稿是急如星火的。她在《天地》第五期以一九三五年秋寫於東京的〈減字木蘭花〉詞云：

瀟瀟夜雨，不管離人愁幾許。好夢難成，斷續風聲斷續更。
此情誰慰，往事煙塵空灑淚。費盡思量，縱使相逢也斷腸。

應命後，第六期又交出〈談《天地》〉一文，她說：「在目前上海所出版的各種文藝刊物中，我不避嫌的說，水準最高的要算《古今》了吧。其次，《天地》無疑的要站到第二席了。這兩個刊物的名字我想再好也沒有了，一個代表『時間』，一個代表『空間』，真可謂包羅萬象，無所不涵。記得杜少陵（甫）曾有詩句曰：『錦江春色來天地，玉壘浮雲變古今。』以贈《天地》與《古今》，真是天造地設，妙古絕今，可謂巧合之至。《古今》上的文字大多是比較嚴肅的，《天地》上的文字大多是比較輕鬆的，各有所長，無分軒輊。」在讚美《天地》之餘，總不忘推銷自己丈夫的《古今》。

在《古今》第五十四期朱樸發表他的〈樸園日記〉第一篇〈甲申銷夏鱗爪錄〉，之後沒想到《古今》在第五十七期就停刊了，於是〈樸園日記〉第二篇〈重陽雨絲風片〉就移到北京的《藝文雜誌》刊登，《藝文雜誌》是一九四三年七月由周作人領銜的「藝文社」創刊於北京，偽新民印書館印行，主要作者除周作人外，還有俞平伯、錢稻孫、龍榆生等學界人士以及其他文壇人士。到一九四五年五月終刊，共出版了二十三期。朱樸這篇文章登在一九四五年第三卷第三期，也就是終刊號上。也因此〈樸園日記〉第三篇〈北上征塵記〉又移到上海的《雜誌》刊登於一九四五年第十四卷第五期。而他在寫這篇文章時正是他要去北京之時，據日記所言，他是在一九四四年十二月二十二日晚抵達北京的。而緊接著〈故都墨緣錄〉是他到北京後一個多月寫的，刊登於《雜誌》一九四五年第十四卷第六期。

朱樸在〈人生幾何〉文中說：「我由北京來港是一九四七年，並非一九四八年。」而此後寫文章則用「朱省齋」（偶而同期有兩文才兼用朱樸或樸園）之名。此時的文章大量刊登於香港《熱風》雜誌上，《熱風》是曹聚仁、徐訏和李輝英等，在香港創辦的創墾出版社所出的文史半月刊，於一九五三年九月十六日創刊，至一九五七年十月十六日停刊，共九十九期。朱省齋從第二十三期寫起，幾乎每一期都有文章發表，有時同期還會有兩篇文章。香港中文大學的劉沁樂同學幫我查到朱省齋發表文章在《熱風》的期數是：二三，二六，三〇，三五，三六，三七，三九，四〇，四一，四二，四三，四四，四五，四六，四七，四八，四九，五〇，五一，五二，五三，五四，五五，五六，五七，五八，五九，六〇，六一，六四，六五，六六，六七，六八，六九，七〇，七一，七二，七三，七四，七六，七七，七八，八〇，八三，八四，八五，八七，八八，八九，九〇，九一，九二，九三，九四，九五，九七，九八等期。這些文章大半以上都是談書畫鑑賞的，而且很多都收入他的《書畫隨筆》、《藝苑隨筆》兩本著作中，但還有二十二篇不屬於書畫鑑賞的，沒有收入，我就把它收入此書中。附帶說明的是在臺灣《熱風》雜誌，除中央研究院圖書館有收藏二十五到四十八期外，所有圖書館無一收藏，我也曾經一度想放棄再查找，因為疫情期間我也無法去香港圖書館，又不敢麻煩香港的朋友。無計可施之餘，我把這訊息寫在臉書，沒想到我的朋友「百城堂」主人林漢章兄，說他有八十幾本，可以借我，於是除了〈多難只成雙鬢改：知堂老人贈聯記〉一文（由香港劉沁樂同學去圖書館影印外），全部都找齊了。真是天助我也，也感謝漢章兄和臉友沁樂同學的大力協助。

〈多難只成雙鬢改：知堂老人贈聯記〉這篇文章有個故事，也顯見他和周作人交情之深。文中說：「甲申（1944）之冬，余北遊燕都，除夕，知堂老人邀讌苦茶庵，陪座者僅張東蓀、王古魯。席間，余出紙索書，主人酒餘揮毫，為集陸放翁句『多難只成雙鬢改，浮名不作一錢看』十四字相貽，感慨遙深，實獲我心。聯旁並附小跋曰：『樸園先生屬書小聯，余未曾學書，平日寫字東倒西歪，俗語所謂如蟹爬者是也。此只可塗抹村塾敗壁，豈能寫在朱絲欄上耶？惟重違雅意，集吾鄉放翁句勉寫此十四字，殊不成樣子，樸園先生幸無見笑也。民國甲申除夕周作人。』虛懷若谷，讀之愧然。」後來朱樸將該聯製版刊登於《逸文》雜誌。「不料製版之後，經手者竟謂原聯已失去，無法覓回；我為此事，耿耿於心，無時或釋。」直到一九五六年冬曹聚仁在北京見到周作人，回到香港告知朱省齋，知堂老人關心他的近況，朱省齋「因即馳函道念，並附告以失聯經過。」兩星期後，回信來了，周作人再書原聯給他，並另附小跋。這聯及跋語就製版刊登於《熱風》雜誌第九十期封面上。

而〈憶知堂老人〉寫於一九六七年四月二十日，文中開頭說：「消息傳來，知堂老人已於去年十一月在北京謝世了。」文中再次引用〈多難只成雙鬢改〉一文，並歷數他在一九五七、一九六〇、一九六三與周作人見面。當時正是「文革」初始，紅火朝天，消息阻隔，因此會有「海外東坡之謠」。朱省齋寫這篇悼文時，知堂老人還活著，只是被紅衛兵批鬥中，直到一九六七年五月六日他才嚥下最後一口氣，享年八十二歲，應了他自己說「壽則多辱」的話。

沈葦窗在〈朱省齋傷心超覽樓〉文中說：「我草創《大人》雜誌，省齋每期為我寫稿，更提供許多書畫資料。」《大人》創刊於一九七〇年五月十五日，創刊號就刊登朱省齋的〈賞心樂事話當年〉（該篇原題為〈人生幾何〉）。與他在汪偽時期即有若金蘭之誼的金雄白在〈倚病榻，悼亡友〉文中說：「說來似乎是迷信，當《大人》雜誌創刊之前，葦窗兄拉他寫稿，第一篇他寫的是以往半生中的若干賞心樂事，而安上的題目竟然是〈人生幾何〉，發表時偏為他改易了，他還為此而有些不懌，且一再為我言之。他對『人生幾何』這一句成語，不知何以偏好得會有些流於固執，終於他為另一雜誌寫了另一篇〈人生幾何〉，出版以後，又欣然指給我看。言為心聲，現在想來，也許省齋那時的心理上，早有此不祥之感了。」〈人生幾何〉後來刊登於一九七〇年九月一日出刊的《大華》復刊號第一卷第三期。這篇文章也是因為有人傳言「朱樸已歸道山」，於是朋友曹聚仁、高伯雨紛紛寫文章辯駁，然而辯駁文章也有些錯訛，於是朱省齋特別寫此一長文，最後他說：「對於生死這個問題，一切宜聽其順乎自然，泰然處之，千萬不要看得太重。曹孟德說得最曠達：『對酒當歌，人生幾何？』」而這篇文章發表後三個多月，朱省齋遽歸道山，因此金雄白說：「也許省齋那時的心理上，早有此不祥之感了。」

朱省齋晚年曾經患過嚴重的心臟病，金雄白在〈倚病榻，悼亡友〉文中言及朱省齋最後的日子：「大約是一九七〇年的十一月十一日，是我與他最後的一面了，我們又在常去的咖啡室中會面，他看見我病骨支離的樣子，殷殷囑咐我還要加以調養。我想到他已是六十有九歲，我說：『明年是你的七十大慶了，以你早幾年的病況而能霍然全癒，更值得祝賀了。』他竟然說：『真是人生幾何！明歲的賤降，擬約少數的親友，歡聚一天。』又那裡料到，這一天就永遠不會來到了。他逝世那一天（案：十二月九日），晨起還偕同夫人同出早餐，回家以後，坐在客室中的沙發椅上，忽然覺得胸口有異常的痛悶，神色又轉而大異，他夫人知道情況嚴重，立即延醫診治，迨醫生來到，早已返魂無術。那時我又患著肝炎症，在病榻上看到了報上的噩耗，使我無限震悼，相別還不及一月，而從此人天永隔，使我也更有了『人生幾何』之慨！」

《大華》在復刊號一卷七期刊出〈大鶴山人瀟湘水雲圖〉和《大人》第十期刊出的〈吳昌碩畫梅〉，兩篇文章都是朱省齋生前就交雜誌主編高伯雨和沈葦窗的，而在他過世後的一兩個月才刊出，可說是朱省齋最後的絕筆之作了。

拉雜寫來已經五千餘字了，希望這篇〈編前言〉能對整本書的理解有所幫助。這些文章來自不同的雜誌報刊，大概是依照時間順序編列，有些則是自成一組而稍做調整，其目的是要讀者明白他思想或興趣的轉變，或記其旅遊賞畫之過程。他早年熱衷於經濟的研究還赴歐考察，發表多篇有關〈國際合作論〉的文章，後來創辦《古今》雜誌，成立古今出版社，成為著名的出版人，但最終讓他享譽的卻是晚年的書畫鑑賞，這其間的人生轉折，可從這本《樸園文存》中得見。

落花時節又逢君——我與定公的一段書緣

陳定山（1897~1989）工書、擅畫、善詩文，曾有「江南才子」之美譽。其父名栩園，字蝶仙，自號「天虛我生」，文章遍海內，生平寫詩幾千首，著譯小說百餘部，並旁及音樂、醫學等等。又組織家庭產業社，生產「無敵牌」牙粉而致富，可謂事業滿中外。蝶仙生二子，定山名蘧，字小蝶；其弟次蝶，字叔寶，皆能文，時人以眉山三蘇（蘇洵、蘇軾、蘇轍）比之。有一女，名翠，字小翠，文名尤著，其為文、詩、詞、曲，皆酷有父風，更有才女道韞之稱。

陳定山十歲能唱崑曲，十六歲翻譯小說，還和父親合寫小說，於是大陳小蝶齊名，在文壇有「大、小仲馬」之稱。因其父事業有成，陳定山五陵年少、輕裘肥馬，他說廿八歲便請了嚴獨鶴、王鈍根、周瘦鵑、丁慕琴作陪，在陶樂春作「洗筆宴」，從此可以毋須賣文而生了。在西湖邊，買下明末「嘉定四先生」之一李流方的「墊巾樓」遺址，凡十八畝，迴廊水檻，依圖建作，幾復舊觀，名為「定山草堂」。抗戰勝利後，重還湖上，而全園古樹悉遭兵燹，廊榭傾壞，不堪修葺。而更有甚者，不久神州陸沉，倉促之間，盡捨家業，只攜原配張嫻君、二夫人鄭十雲，渡海來臺。他後來在〈齊天樂〉詞中有「垂楊巷陌，問何處重逢油碧。南渡風流，幾時曾許寄消息。」他說：「少年的綺事回想最易傷感，何況我一生在紈綺中過活，臨老艱危，比到入蜀而又出蜀的杜甫，更覺老境拂逆。」杜甫在成都曾營建草堂，但定山的草堂，卻是「棄去不復顧」了。他曾感慨地說：「連這台北陋巷中的三間野屋，也將棄去，別為賃廡的梁鴻！詩呢，一生心血，銷鎖在上海四行儲蓄庫的保險箱裡，馬卿別無長物，僅此數十卷詩。」言之不勝感慨萬千！

渡海後，陳定山重搖筆桿，創作不輟，有小說：《蝶夢花酣》、《黃金世界》、《龍爭虎鬥》、《一代人豪》、《五十年代》、《隋唐閒話》、《大唐中興傳》、《空山夜雨》、《烽火微塵》、《北雁南飛》、《湖戀》、《春水江南》。另有《定山草堂詩存》五卷、《蕭齋詩存》五卷、《十年詩卷》、《定山詞合刊》、《黃山志》、《西湖志》、《中國歷代畫派概論》、《元曲舉隅》、《詞譜箋》等，可謂著作等身。

我接觸陳定山的著作可說相當早，應該是大學畢業前夕，我記得去世界文物出版社購買《春中舊聞》，而這本書一直跟著我四十多年了，它是我瞭解上海掌故人物的必備書籍和查考資料的來源。定公著作中最廣為人知的莫過於《春申舊聞》和《春申續聞》了。這兩本書早於一九五五年由晨光月刊社出版，但目前可能連圖書館都不容易見，早已成為古文物了。經過二十年（一九七五）世界文物出版社重新出版《春申舊聞》，次年又出版《春申續聞》，但又絕版多時了。再經四十年（二〇一六）我找到定公的孫女勉華小姐授權，重新出版這兩本書。這次用的開本都較晨光、暢流為大，除重新打字排版校對外，引文改用不同字體，行距間排得比較疏點，字體也比較大點，不像晨光、暢流版的文字完全擠在一堆，看來有傷目力。新出的秀威版，後出轉精，成為此套書的最佳版本。這兩書從首次出版至今六十六年間，歷經三家出版社有三種不同的版本。雖然超過半世紀，但定公筆下的上海灘舊聞，一如張岱《陶庵夢憶》中的杭州，前塵往事，歷歷在目。雖滄海桑田，繁華如夢，依然娓娓動人，歷久弗衰，仍為一代一代的讀者所傳頌。作家李昂也讀過其中一篇〈詹周氏殺夫〉而寫成《殺夫》的小說，轟動一時。

定公的書籍出版又匆匆過了五年，我心中還是一直記掛著，似乎有些事情未了！今年（二〇二一）仲秋之後，九月的「落花時節」，因訪蕙風堂主人洪董事長，無意中聊及定公，堂主人告知不僅定公還有其子克言都是他的舊識故交，主人並帶我們在定公晚年所題的「蕙風堂」店招下拍照留念，臨別之際，我告知有《定山論畫七種》一書似可重新整理出版，他也深表認同。這就成了目前整理出來的《陳定山文存》和《陳定山談藝錄》的緣起。

《定山論畫七種》薄薄的一冊，是他的夫人張嫻君蒐集發表於報刊雜誌的文章僅七篇，共六萬餘言。此書出版於一九六九年，早已絕版多時，國內圖書館亦僅有三、四家收藏。但我認為陳定山論書畫的文章當不僅於此，因此從老舊雜誌《暢流》、《自由談》、《藝壇》、《藝海》、《中國一周》、《文星》、《中央月刊》、《中國地方自治》、《國立歷史博物館館刊》等刊物逐期翻檢，甚至找到香港的《大人》、《大成》雜誌，最後是利用中研院所購買的上海圖書館製作的「民國期刊全文數據庫」找到他早年在大陸時期所發表的三篇論畫的長文，共增添五十六篇文章，總數幾達三十萬言，內容除書畫外，更包括詩詞、掌故、戲曲等等，於是乃編成《文存》和《談藝錄》

二書，定公重要的文論藝評皆在乎此，而且是從未出版成書的。

《文存》包含詩詞、掌故、戲曲三類，而最後更附上有關生平與家世的文章，以達其「知人論世」之旨。定公作詩填詞堪稱高手，各有詩集、詞集傳世，此書所編乃其論文或詩話甚至以詩詞當作紀遊之作，十分珍貴難得。如〈李義山錦瑟詩新解〉，他從各種典故的考證來破解李商隱所設下的種種障眼手法，難度是蠻高的，因為自古有「一篇錦瑟解人難」之嘆，然而由於定公熟悉這些典故的正用、反用、明用、暗用，而最終指出李義山無題詩係為小姨而作，或許你也會猜出答案，但如何破解的過程才是精彩，難怪也是才子的詞人陳蝶衣讀過此文會讚嘆：「真可謂之獨具慧眼，一語道破矣！」。杜甫一直是定公景仰的大詩人（拙文標題引用杜詩，當為定公所樂見也），他寫了多篇有關杜甫的文章，其中在《文星》雜誌發表的〈杜甫與酒〉，份量頗重的，他甚至將杜工部一生及於酒者，擇要編年，分十三階段，逑其緣由，並正其視聽。而杜工部最後旅泊衡湘，喪亂貧病，交瘁於心，竟以死自誓，更無一字及酒者。定公嘆乎：「蓋公早已自知年命之不永，而致其歎息於曲江獨坐之時。詩人之窮至於杜甫亦大可哀已。於酒云何哉？」定公善飲，又長於杜詩，考之年譜，「以詩證史」，確是少陵之知音也。他回憶幼年被父親責罵詩文輸給妹妹小翠時，說：「余避席曰：『臣得其酒』。蓋妹不能飲，而余飲甚豪，酷肖父耳。父亦笑而解之。」因此善飲是其來有自的，有人曾為文說，陳定山八十六歲時，喝完白蘭地之後仍可作畫，並且談笑風生，現場有位酒友驚呆，心中暗自欽佩，此人乃武俠名家古龍。而確實古龍有張著名的照片，其背景是掛著副

「寶魘珠鐺春試鏡，古韜龍劍夜論文」的對聯，該對聯便是定公所書的。因此他大有以杜甫之酒來澆心中之塊壘之意！

再者宋人筆記提及黃山谷和蘇東坡時說：「山谷在戎州，聞坡公噩耗，色然而喜。因為從此詩名，無人再會益過他的了。」對此說法，陳定山十分憤慨，因為黃山谷終身推崇蘇東坡，可謂不遺餘力，固不獨形諸詩句，且掛諸口齒矣。如云：「子瞻詩句妙一世，乃云效庭堅體。」又跋東坡〈黃州寒食詩帖〉云：「東坡他日見之，乃謂我無佛處稱尊也。」因此定公怒氣沖沖地說：「不知蘇、黃交情如此之厚，推重如此之盛。這種以小人之心，度君子之腹的傳說，也正是章惇、蔡京一般徒黨造出來的謠言，用以誣毀前賢的了。」於是他為文替黃山谷辯白，因為東坡之死，消息來得遲緩，當時黃山谷在戎州連噩耗都未接到，怎會「色然而喜」呢？相對地對於渲染豔聞以博取知名度的作品，定公會大加撻伐的，如樊樊山的前後〈彩雲〉，他認為絕非「詩史」之作，尤其是對後〈彩雲曲〉，他話說得很重：「其詩猥媟，格律甚卑，其事亦得之道聽塗說，不能引與前〈彩雲曲〉並傳，以視吳梅村的〈圓圓曲〉，白居易的〈長恨歌〉，更不可以道里計了。但齊東野人反而津津樂道。」定公衡文、論詩自有尺量，不為世俗流言所左右，可見一斑。

掌故一直是定公的拿手絕活，此書所編均為前書所未收之作（因與上海「春申」無關），而且更加精彩者，因為這些都是有關明鄭及臺灣的。如〈臺灣第一文獻——記沈光文遺詩〉，還有〈闡明一代孤臣黃石齋先生殉國始末〉、〈明魯王監國史略〉均是前人所未道及者。戲曲亦是定公一生之所好，他亦可粉墨登場，他二夫人十雲女士，是唱老生的，在上海曾代過孟小冬的班。篇中的「歷史與戲劇」除論談及許多戲改編自歷史，但也扭曲或揑造了歷史。另外對來臺的京劇演員分生、旦、淨、末、丑整理出一份名單，並留下他們在臺的劇話，可說是非常珍貴的梨園史料。

《談藝錄》整本幾乎都是定公談書畫之作，他真正致力繪畫大約在廿四歲，不過對書畫有興趣倒是起源很早，他弱冠時看三姨丈姚澹愚畫梅而心喜之，曾問姨丈可否學畫，姨丈曰：「畫必自習字始，能寫好字始能習畫。」於是他以所寫書法向其請益，姨丈認為他是不羈之才，豈僅能畫梅而已，於是教他山水畫訣。廿五歲那年，他竟悟出一項道理，一心想走「四王」（王時敏、王原祁、王石谷、王鑑）的路子。四王中本以王時敏輩份最高，王原祁、王石谷，都是其學生，定公說他最愛王原祁，因為他的畫在於「不生不熟之間」，不若王石谷太過甜熟。對於學習國畫，他認為還是必須從古人入手的，博古而後知今；若想摒古棄今，單以天地為師，那是不可能的。至於其中的秘訣在於「摹、臨、讀、背」。所謂「摹」不是刻板地一筆按一筆地鉤勒，而是將畫掛起來，看清楚它的來龍去脈，然後在自己的紙上對著畫。「臨」則祇取其意思及筆法，即古人所謂「背臨」，是活的，思考的。摹臨之際既已分析並熟悉其格局，便可以將畫中各種皴法、點法活用在自己畫面上，這是熟「讀」了的緣故。以後熟能生巧，進入組織、佈局得心應手的階段，便是「背」的充分發揮了。他又說：「意在筆先，物色感召，心有不能自已，筆墨有所不得不行，然後情采相生，欣然命筆。」「作畫必須莽莽蒼蒼，深山邃壑，如有虎豹，望之凜然，似不可居；而仙巖秀樹，蒙雜其間，出人意表，乃為盡山水之性靈，極文人之筆墨。」這些可說都是他習畫的心得，原本是不傳之祕，如今寫出來也是想「金針度人」！

「工欲善其事，必先利其器」，書畫必須講究筆、墨、紙、硯，定公也談到如果沒有一支好筆，正如名將之無良騎，怎能使他畫出好畫呢？無好筆，縱有好紙亦是枉然。而在畫畫時「墨分五色」是極端講究的，他說民國以來，用青麟髓（道洗墨），其次用乾嘉御墨。到了臺灣，官禮御墨，也變了稀世之珍。斷墨一丸，輒數百金，畫家惜費，又不得不求之東京。他又說：「張大千早年學石濤、老蓮，幾可亂真。抗戰時，潛蹤敦煌石室中，勝利還滬，畫風為之一變。我埋怨他『為什麼去向牆壁學？』大千笑說：『好墨好紙都用完了，只好刷了。』由於找不到好墨好紙，而去向畫壁討生活，這是大千的聰明，也可以說他是玩世。」

《文心雕龍》說：「觀千劍而後識器，操千曲而後曉聲」，定公可說是做到了，因此他對於前人作品的評論可說是精準的，甚至可以看出其作品脫胎於何人，出自於何派。當然這也歸功於他對於整個繪畫史的鑽研，他的〈中國歷代畫派概論〉長文是擲地有聲的重要論著。同樣地他的〈讀松泉老人《墨緣彙觀》贅錄〉一文，幾乎把故宮典藏和私家收藏的名帖都看遍了，才能寫出這樣精彩的文章，他說：「或睹於故宮，或覯之藏家，無不精誠赫弈，千載如新。有宋兩代名臣真跡，幾盡萃於此，雖有二三僉壬，亦如蓬生麻中，不扶自直矣。令人過目不忘，洵有以也。」

陳定山早在一九二〇年即活躍於滬上美術界，籌辦美展活動、主編。而一九三五年故宮博物院要挑選文物參加英國舉辦的「倫敦中國藝術國際展覽會」，他被聘為負責書畫部十一位審查委員之一，可見也是借重他在書畫的鑑賞能力。據學者熊宜敬說：「一九四七年九月十五日至二十八日在上海市南昌路法文協會展出『中國近百年書畫展』。配合這項展覽，上海美術館籌備出版了《中國近百年名畫集》和《近百年畫展識錄》，由陳定山、徐邦達、王季遷等執筆，其中《近百年畫展識錄》，詳載了每件展出作品的形式、尺寸、款識、鈐印和收藏經過，並附畫家傳略，全書數萬言，是一九一一年民國肇建後，第一本具有學術研究價值的畫展圖錄。」我因此又特別找到他早期的三篇畫論，讀者可比較其與來臺後的觀點有否異同。本書廣搜其有關藝苑散論，多達十數篇，均為他論及畫人畫事的不可多得之作。其中有畫史的源流、繪畫的理論、作畫的心得，更有畫家個人的傳記，例如〈民國以來畫人感逝錄〉長文，他就窮三年之力，四易其稿（本書採用他的四稿）方始完成。至於〈樹石譜〉更是畫國畫的基礎理論，得其竅門，即刻進階。最後定公對於作畫的結論是：「多求古蹟名本，或多讀書習字，或出觀名山大川，覺胸次勃然，若有所蓄，鬱鬱欲發，乃藉筆寫之。故畫者，只是寫自己一片胸襟耳。」堪稱至理名言，不二法門。

定公少多才藝，得名甚早。壯歲久寓滬濱，馳騁於文壇藝苑，輕財任俠。渡海來臺，除短期都講上庠外，勤於寫作，著述等身。然原本出於鐘鳴鼎食之家，突遭國變，衣冠南渡，能不無感！於是他發之於吟詠，有《十年詩卷》、《定山詞》之作，人間何世，無限江山；聽流水於隴頭，見夕陽於故國。但定公一生原不只是詩人、詞人、小說家、書畫家，因此茲書之編就，就是要讓讀者瞭解他多才多藝的各個層面，也為後人研究提供更多的材料也。

藹然長者——憶和天公晚年的交往

資深報人黃天才先生，我們都尊稱他為天公，二〇二二年元月六日遠行了，直到兩個月之後我接到吳文隆兄才得知消息，悵然久之！這幾年由於他身體不好，又搬了家，改了電話，我們也失去聯繫，偶而才會在陳筱君女士的臉書上看到一點訊息，初時幾年氣色還不錯，我們都為之高興，慢慢地音訊漸杳，心有時也會糾結，但總是為他祈福。

認識天公而實際有交往的時光也不算短，大約有十多年了，當然得知他的大名就更早了，他是非常資深的報人，在《聯合報》工作八年，《中央日報》工作廿五年，中央社則有十七年，聲名卓著。首次見面應該是在二〇〇八年左右，當時好友郎毓文女士要找他擔任郎靜山基金會董事長的籌備會議，他來了，會議中他謙虛地婉拒這個職位，雖然他和郎大師是熟識的，但他虛懷若谷的一席談話，誠懇中令人有著敬佩之感，也由此開啟了我們十多年的交往。

晚年的天公還是筆耕不輟的，他寫作的地方在濟南路永豐銀行後座的一間辦公室，聽說是友人提供給他寫作會客的地方，也是我常常去向他請益的地方。而他晚年的幾本著作，包括《我在北緯三八度線的回憶》和《張大千的後半生》都是在此書齋寫成的。眾所皆知天公和大千先生的交誼甚早，而天公也成了當時知曉大千先生許多事蹟行誼的唯一在世的人，這也是他在寫就《五百年一大千》一書之後，在晚年又寫成《張大千的後半生》的主要原因，因為他深知許多事他若不寫出來，那將沒有第二個人可以寫出來的，因為這些都是他親見親聞於大千者，而這些材料對於研究張大千甚為重要，因此他不顧年老體衰還是奮筆疾書，數易其稿地完成這著作，可說是對大千不負「平生風義兼師友」！而他為寫這有關張大千的最後著作，可說一絲不苟，除了憑藉他身為資深新聞人的敏銳觀察力、良好的記憶力外，還請我到國家圖書館將他一九九七年發表在《新聞鏡》周刊的有關張大千的所有文章全數影印出來參考，一方面核對一些細節，一方面則增補訂正了許多新的資料，「苟日新日日新」，他「拾遺補闕」的精神完全是史家的寫作態度。

天公腹笥極廣，閱歷更多，這也是我時常去造訪請益的原因，常常每當下午兩點我總會出現在他的辦公書齋，天南地北談論到薄暮時分，我再送他上計程車返家，當時他正在寫《我在北緯三八度線的回憶》一書，他當時是靠著兩本袖珍本而且帶鎖的日記，回憶著半世紀前的歷歷往事，他常告訴我非常後悔當時為什麼不寫得詳細一點，此時就可以免掉思索不出的困擾，他常常為此而打電話給當時同在朝鮮戰場的陸以正，沒想到得到的是哪有發生這件事？原來陸以正忘得比他還多。一九五〇年六月二十五日，韓戰爆發時，當時天公在台北《經濟快報》（《聯合報》前身的三家報社之一）做記者，主跑經濟新聞。經過七個月後也就是一九五一年二月間，有一天突然接到軍方單位來函並說：「台端在對日抗戰期間，曾在軍事委員會外事局擔任翻譯官，具有軍中翻譯經驗，如果有意應徵，可於某月某日赴某處洽談等語。」因緣際他會成為軍事翻譯官，成為美軍聘僱審訊中共戰俘的翻譯人員，一九五一年三月隨美軍抵達韓國，編入十兵團的「五二一軍事情報連」戰俘審訊官。當時和他一同報到的，還有後來的駐南非大使陸以正、學者鄭憲等人。美軍待遇優渥，酬勞二十倍於當時一般公教人員。（當時公務員月薪十五美元，他們是三百美元），天公在前線待了兩年十個月。費時一年半寫作的《我在北緯38度線的回憶》，終於在二〇一〇年五月脫稿，當時是以〈韓戰第一線上審訊共軍戰俘——一萬四千名反共義士來臺幕後〉在五月號的《傳記文學》首先刊出兩萬餘字的長文，引起極大的迴響。於是我找到印刻出版社的初安民總編輯，要出單行本，因為六月廿五日是韓戰六十周年，當時的編輯是周昭翡曾在《中央日報》當過編輯，與天公算是熟人，因此駕輕就熟，書如期在韓戰六十周年前夕出版，但《傳記文學》的連載還沒刊完（分五、六、七三個月連載），我特別打了電話代天公向《傳記文學》致歉，而《傳記文學》也在書出版後的七月號把第三篇刊完，這應該是出版史上的特例吧！

二〇〇八年四月我在《聯合文學》發表了〈郎靜山鏡頭裡的名人往事〉一文，其中有寫到小說家郭良蕙女士，為此我敲開郭老師位於忠孝東路愛群大廈的大門，再之後，天公和郭良蕙（他們早就熟識，而且都是中華文物學會的成員），我和在北京的吳興文（他當時每三個月返台一次），這「兩老」「兩少」就經常聚會，都是傍晚我先到天公的辦公室接他，然後到郭老師家附近的總督西餐廳吃牛排，郭老師依然時髦，盛裝打扮，戴著墨鏡，提著上好的紅酒前來（後來則帶白酒）。四人觥酬交錯，事實證明，吳興文和郭老師酒量最好，我和天公只是淺嚐而已。酒酣耳熱，談興更濃，話題有時難免敏感些。但由於天公和郭老師是幾十年的好友，也就都不放心上了。記得有次天公突然問郭老師，當年才子張繼高（筆名吳心柳）如何追妳？郭老師說：「那個人，說要幫我看手相，就拉著我的手！」燈光雖昏暗，但我仔細看著郭老師臉色依然從容，只是幾十年過去了，還稱「那個人」而不言姓名，可見當年情傷之重。此時天公也適時撇開話題，沒再追問下去，這或許他做為報人最不滿意的採訪，但由此可見天公為人之寬厚！

有次我在他辦公室聊到金雄白（筆名朱子家），我們兩人都看過他寫的《汪政權的開場與收場》，談得正起勁時，天公突然冒出一句我在東京見過胡蘭成，我如獲至寶馬上追問詳情，天公說當時胡蘭成在東京想幫他女兒找英文家教，而天公正想見見這位後來和胡蘭成在日本同居的佘愛珍，她原是上海「白相人」吳四寶的老婆，現在的女兒也是佘愛珍和吳四寶所生的，聽說佘愛珍可以耍雙槍的，而胡蘭成在書中形容佘愛珍「她眉毛生得極清，一雙眼睛黑如點漆，眼白從來不帶一絲紅筋，真真是像秋水。」這使得天公想一窺究竟，但見面後天公說卻和常人無異，天公說他受不了胡蘭成的絮絮叨叨，倒是見了不大說話的佘愛珍，覺得「對情勢的分析，佘愛珍顯然比胡蘭成高明」。對於這許多親見親聞的材料，我覺得非常重要，於是要天公提筆寫出，因此有了《印刻文學生活誌》二〇〇九年四月號的黃天才〈和胡蘭成在東京的一段交往〉一文。

天公對於書畫的鑒藏是拿手的強項，有次他告訴我蘇東坡《寒食帖》的收藏章有「郭柦」，許多人都不知他何許人也？天公說郭柦（彝民，則生）是東北人氏，畢業於日本東京帝國大學，二戰之前，臺灣在日本統治期間，他任中華民國駐臺灣總領事。他在二戰結束之初，被派在我國駐日代表團任職，及至「國共內戰」末期，國軍戰事失利，政府播遷來台，郭老即自外交部退休，在日本僑居下來。而王世杰在一九四五年七月接任外交部長至一九四八年十二月，才離任。王、郭兩人自是相當熟稔。因此天公要我幫他到南港中央研究院把《王世杰日記》中有關《寒食帖》的記載，全部影印下來，我記得前後有十幾則，其中有在一九四八年一月二十二日記中說：「日本私人收藏之中國書家名跡，為王獻之〈地黃湯帖〉、顏魯公〈自書告身帖〉、蘇東坡〈寒食帖〉（有黃庭堅跋）、米襄陽〈樂兄帖〉。王、顏兩帖聞已入日本博物館，蘇、米兩帖尚可收購。予因托友人試為收買。」一文中的友人，即是郭則生（郭梴，字彝民），於是在二〇一一年的《典藏古美術》天公發表〈天公證實：關鍵人郭則生：就是郭彝民！——獨家首曝〈寒食帖〉日臺流傳的相關焦點人物〉，我記得為核對郭則生的一些事蹟，我還特別跑了一趟中和在國立臺灣圖書館查找當年的報紙。後來這些材料又引發天公寫出另一篇重要的文章，那是我後來拿給《文訊》總編輯封德屏於二〇一一年二月刊出的〈政壇裡的狷介書生——從葉公超的一首中文古體詩談起〉一文，天公說一九六一年冬，葉公超從駐美大使任上奉召回國，卸除一切職務；次年秋，他寫下一首舊體詩，題曰〈壬辰春，奉命議訂中日和約，郭則生兄曾有步李鴻章馬關條約詩見寄；辛丑冬，余卸美使任；壬寅秋，遊野柳歸途，次其原韻。〉詩云：

黃帽西風白馬鞍，登臨卻笑步為難。
歸林倦鳥知安隱，照眼夕陽未覺殘，
欲借丹霞弭往轍，不因險巇亂心壇。
春山翠竹凌霄節，樂與遊人夾道看。

天公說：「要不是郭寄詩逗引，公超就不一定會有此詩興。」郭則生的詩云：

一身聊此卸塵鞍，卅載馳驅行路難。
秦樹嵩雲原不識，江魚朔雁自摧殘，
客蹤寄傲無封事，杖履追歡有道壇。
善賦揚雄他日作，吹噓待送萬人看。

郭則生寫此詩正當「中日和約」告成，葉公超以外交部長身分，奉派為議和全權代表，在兩個月的商談過程中，日方多所刁難，葉公超倍受委屈，郭則生知之甚詳，因憶及甲午戰爭後李鴻章在春帆樓簽訂「馬關條約」的情景，李鴻章後來有詩詠此事。郭則生乃依李詩原韻寫此詩向葉公超致意，對其歷盡艱難完成和約的功績表示敬意。

天公不僅是位傑出的報人，還對文史掌故非常熟稔的作家，從他早年發表在香港《大成》的文章可見一斑。就我們聊天中他也提起張大千對京劇十分酷愛，張大千晚年定居臺北與京劇名伶郭小莊女士結成了忘年交。一九七九年，在張大千等人的大力支持下，二十九歲的郭小莊組織了「雅音小集」劇團，打出了「新派京劇」的旗號，在臺灣劇壇上引起了轟動。「雅音小集」，即由張大千命名及題字。郭小莊對京劇表演藝術那種孜孜不倦的追求精神尤為張大千所讚賞。他還特意為郭小莊繪製了一件荷花旗袍以示鼓勵。天公說：「大千生前，從來不在熟朋友面前諱言他對郭小莊的『偏心』疼愛。記得，有這麼一次，大千囑人從台北打電話給我，說郭小莊要唱戲，新製的戲服需要上好的紡綢作水袖，大千託我到東京『鐘紡』（Kanebo）總公司去買兩段白紡綢，……還一再叮嚀：『要彈性好的，可以抖得開的，不可太厚，也不可太薄，你要抖一抖試試，……』」。後來大千於一九八三年四月二日病逝。十六日在台北第一殯儀館舉行家祭、公祭。喪禮結束後，靈骨罈安厝在摩耶精舍後院的「梅丘」石碑下。天公說他看到在他身側不遠處的郭小莊，雙膝一跪，俯伏在地上低聲飲泣。小莊身軀瘦弱，全身素服，跪伏在地上更見得嬌小，想到大千生前對她的百般疼愛呵護，小莊對大千的逝去，自然是傷心欲絕的。之後小莊更寫了〈生離竟成永訣——憶我永遠喚不回的張伯伯〉一文，以示哀悼。

說到天公對於我們後輩，總是提攜有加，誠然是位「藹然長者」。記得當年我要復刻整套香港《大人》雜誌（《大成》雜誌的前身，總共四十二期），天公十分贊成，並出借他珍藏的大部分雜誌，但還無法湊期，於是他找來他的朋友董良彥君協助將手中的雜誌也出借予我們掃描，總算完成此一大工程。而好友陳正茂老師有些文物要拍賣，天公看過後認為確實是真蹟，乃請董良彥君協助在北京拍賣，而天公卻功成不居。十年前天公雖已老邁，但活動力仍強，有時在「舊香居」做張大千的專題演講，而有時我還陪他到光華商場附近的「百成堂」林漢章兄的舊書店去訪書。

他總是和藹可親地待人，曾經是名記者，名報人，名作家，名收藏家，數不盡的光華，而此時卻「訥訥向人斂光芒」，只有一片藹然，這是他的涵養，是他閱盡人生百態後的修為！

九十八高齡，可說福壽同歸！天上人間，可得大休息！

一生感謝，紙短情長！

最是人間留不住——方瑋德、黎憲初、陳之邁的情緣

在二〇年代末三〇年代初，以徐志摩、聞一多為首的「新月派」在詩歌的創作上曾取得相當大的成果，也產生了廣泛的影響。而「新月派」的後起之秀，有兩位是該被載入新詩的史冊，而不該湮沒的，他們是陳夢家和方瑋德。可惜的是方瑋德只活了二十八歲，他這顆詩壇的新星，倏忽一閃，宛如彗星劃過天際，倏起倏滅。

方瑋德（1908—1935），安徽桐城人。祖父方守敦是書法家、詩人，年輕時是維新黨，曾兩度東遊日本，受到民主主義思想影響，為人開明進步，自命清高，一生未仕。父親方孝旭，叔父方孝岳是舒蕪（方管）的父親。散文家、詩人方令孺是她的九姑。因生長在讀書世家，方瑋德從小打下很好的古文基礎，後來他先後進桐城小學、桐城中學（舊制初高中一併為四年）學習。他的英文是在讀中學時開始學習的。一九二八年由桐城中學畢業。自一九二九年在南京中央大學外國文學系讀書起，就在《新月》、《文藝》、《詩刊》等刊物發表新詩，受到聞一多、徐志摩的讚賞。他的堂弟方管（也就是後來的舒蕪）在《舒蕪口述自傳》這麼回憶說：「一九三二年他在南京中央大學畢業時，我才十歲，正在家裡讀私塾。那時我對他崇拜得不得了。常常聽到大人們提到他、評論他，都是讚美的話，如何如何才華出眾：如何如何用白話文做出了漂亮的新詩，在南京、上海、北

平著名報刊上發表；如何如何風度翩翩，讓女孩子們提起他的名字就臉紅。親友中一些美麗的大姊姊們都注意他，有一位還說：『方瑋德是最好的情人，最壞的丈夫。』別的姊姊們似乎也同意。這當然不是說瑋德大哥生活作風怎麼不好，不過是強調他對女性太有吸引力，做他的妻子總歸不太放心。」

一九三〇年前後，以方瑋德、陳夢家等幾位詩壇新秀為核心，在南京結成小文會，他們經常在一起切磋交流。陳夢家說：「其時徐志摩先生每禮拜來中大講兩次課，常可見到；瑋德和九姑令孺女士和表兄宗白華先生也在南京，還有亡友六合田津生兄，我們幾個算是小文會，各個寫詩興致正濃，寫了不少詩。」在徐志摩的影響下和小文會詩友的鼓勵下，方瑋德在這期間的創作頗豐。其中〈海上的聲音〉、〈幽子〉、〈秋夜蕩歌〉、〈微弱〉幾首最能表現其清純輕靈、韻律和諧的風格。

一九三二年夏，方瑋德自中央大學畢業。秋，隨九姑方令孺到北平遊覽，住在東四錢糧胡同北花園十號八姑方令英家，也就是方瑋德書信中所稱的「孫宅」，孫伯醇是方令英的丈夫，也就是方瑋德的八姑父。初來北平的方瑋德沈浸在對古都深厚文化底蘊及雄偉建築的嘆奇之中，他以詩人的目光品味著所見的一切美好景色，他曾寫下〈煤山〉和〈九龍壁〉的詩篇。他在北平朋友家的宴會上，認識了黎憲初小姐，黎憲初的落落大方，讓方瑋德一見鍾情，為之傾倒。黎憲初是中國著名語言學家、北京師範大學教授黎錦熙（劭西）的女兒。湖南湘潭人，生於一九一二年五月三十日。一九一八年黎錦熙攜眷來北京，黎憲初於師大女附中畢業後，於一九二八年考入清華大學西洋文學系，吳宓、葉公超都是她清華的老師。憲初有音樂天才，無論什麼調子她聽一兩遍便可上口，在鋼琴上彈得出來。興致來時唱上幾首流行歌曲，聞者歎為絕響。然而她卻醉心於文學，尤其是新詩，而不是音樂舞蹈。她最崇拜的是徐志摩，在徐志摩與陸小曼結婚時，她和幾位女朋友曾混入禮堂一瞻這位詩人的風采。

方瑋德在認識黎憲初的當天晚上，給九姑方令孺的信中寫道：「九姑，糟了。我當心我自己今天已愛上了一個人。我怎麼辦？作一次軍師，告我應當怎麼辦吧！」還說黎小姐如何天真爛漫，如何「聰明」，如何「樸素」，信末說：「九姑，我發愁！」。

但方瑋德在愛情的路途上並不順利，一方面是黎憲初內心裡儘管對這位瀟灑英俊的青年詩人有愛慕之意，但以女性細膩之心又不禁對詩人狂熱的感情有幾分遲疑，在對方急迫之下又怎能不心懼而有所卻步呢？加上當時日本侵略者在強佔東三省後，便開始蠶食華北地區，時值榆關失守，北京處於危急狀況，人心惶惶，為避兵亂，黎憲初倉皇回到故鄉湖南湘潭去了。因此方瑋德在未得到任何愛情的許諾，就與黎憲初匆匆別離了。方瑋德內心悵然而不能自釋，只好與八姑一起回到南京，此後他們就靠著魚雁往返來培育這愛苗。這也就是後來黎憲初寫道：「我們相識在一九三二年歲暮，僅在宴會上見過五六次，因時局不靖，便怯生生地分手了。在此離別期間我們就在信札上造起了人間希有的一點堅貞愛情，發現了這種奇蹟，我們十分驕傲，得意……」（〈哭瑋德〉）。

一九三三年九月，方瑋德赴廈門集美學校任教，課餘致力於創作和翻譯。一九三四年元月，與謝冰瑩、謝文炳等在廈門創刊《燈塔》文藝月刊，那是廈門少有的文學刊物之一，但只出了兩期便被迫停刊。此時他和黎憲初書信往來不輟，前前後後已達數百封之多。不過方瑋德面對憲初時而應和、時而猶豫的態度，相當苦惱。他曾對謝冰瑩說：「我的心像火一般在燃燒，她卻像一座冰山那樣冷酷，她把我獻給她的赤心在高跟鞋下面踏個粉碎，但是奇怪，她這樣虐待我，我雖然感到萬分傷心，卻一點也不恨她……我把她比成上帝，比成我生命的主宰，她是我生命的源泉；如果沒有她，我的精神會枯萎，我的生命會凋殘；我會變成一副沒有靈魂的骷髏；我會感覺到整個宇宙只是一片黑暗，甚至連日月也沒有光輝了。」（謝冰瑩《作家印象記》）

從現在僅存的信中，方瑋德向黎憲初訴說他的情懷：「想想一個年青人也就可憐，花掉許多思想，許多精神去冥想一個依稀模糊的美夢，而這只美麗的夢又明知遙遠得像西天的星子」。之後，他又寫道：「怎麼，夜就這樣靜？——遠遠地有人在打更，我冷得有點發噤，我就想像這世界上人類全完了，只剩下我和我的憲，一天的風雲就只兩顆星。」纏綿的苦澀，苦澀的纏綿，柔情裹著方瑋德不知疲憊的心。

而在一九三四年元旦黎憲初提筆寫了十三頁的長信給方瑋德，作為新年禮物。在信中滿是愛意：「……瑋德忽然指著流水說：『我願做這流水。』憲初說：『我願做那漂在水上的一片葉子，永遠隨著流水跑。』瑋德又說：『假使那片葉子被巖石絆住不能隨著流水走了呢？』憲初答：『於是那片葉子就永遠懸在那兒流淚，看著流水帶了別的一片葉子跑，淚枯而死。』」最後更寫道：

「瑋德，其實我還很愛往下寫，不過我最喜歡寫那一套愛瑋德的話，寫一千遍我都不煩。我的瑋德，我怎麼會恨你？我愛你還來不及呢，瑋德那麼好，那麼可愛，我會恨？不過，不過……唉，不願意說下去，瑋德不會不忠實的。瑋德，我相信你！瑋，我愛你！祝瑋德新年快樂！」。

而由於廈門潮濕溽熱，方瑋德病倒了。寒假的時候，他住進了鼓浪嶼的日本醫院中割治痔瘡，由於治療不當，結核菌轉移到膀胱，身體遭到毀滅性的打擊。一九三四年暑假間，方瑋德返回南京，曾在八月到上海診治一個月，病情稍緩。而就在此時已從湖南返回北京的黎憲初已被他真摯不渝的愛情所打動，答應與他訂婚。九月初，方瑋德滿懷幸福與希望，與堂弟方琦德同赴北京。雖然他此時已病入膏肓，但仍談笑風生、瀟灑倜儻，他強忍病痛陪著黎憲初。北海塔下有他們的倩影，北京飯店裡有他們的舞步。即使同在北京，他們還是讓青鳥傳遞他們的柔情蜜意。

方瑋德一面沈浸在幸福中，一面求中醫診治，藥石不斷，但經三個月後，卻再也撐不住了。於是在十二月二十一日入德國醫院，經德國克禮大夫診斷為膀胱結核，並且預言僅剩六個月的生命期。這對於黎憲初而言，不啻是晴天霹靂，我們看她後來寫下的悲傷心情：

……不久，你的身體實在支持不住了，你便決心住德國醫院，我也日夜陪你住院，我滿心想著不過住上幾天我們便可出院，誰知道你從此一病不起！我永遠忘不掉在德國醫院那頂可怕的兩天，也是頂慘的兩天！有一天是克禮大夫來說你有結核病，又一天他走來判決你只有六個月的生命。這一聲霹靂，把我們震得目瞪口呆，在心裡一陣陣酸楚，抱住你淚如雨下。我說他的話不可靠，你也生氣的講：「等六個月後，我穿得整整齊齊地去見那老頭子！」我以此恨那老頭子！可憐我們兩個苦命孩子就這樣悲悲慘慘地度日如年！……

一九三五年一月方瑋德從德國醫院出院後，住在六姑母家中靜養，但是不久體溫突然增高至四十度C，並昏厥數次。於是在二月九日送北大醫學院附屬醫院治療。嗣後兩個月，體溫在四十一度C上下徘徊，上午略清醒，下午大冷大熱，西醫為之束手，於是又請中醫李景泰、施今墨大夫加以治療。其時他已病篤，腹中積水不去，不思飲食，不願說話，昏睡不醒。室中緊閉窗戶，再以厚布綠簾覆窗，嚴禁發聲，只見他裊裊一息。到五月九日下午二時病逝。彌留之際，守在他身邊的有六姑方孝佶、黎憲初和舊僕老喬三人。五月十日入殮，十一日下午二時用馬車載靈柩至法源寺暫厝。這天風雨如晦，狀至悽慘。送葬的人有孫大雨、吳宓、聞一多、巫寶三、章靳以、孫洵侯、盧壽楠、潘家麟、郝昭宓、林庚、曹葆華、瞿冰森、方琦德、方珂德、黎憲初、方孝佶、佛同、陳夢家等二十餘人。

後來黎憲初更為《北京晨報》〈瑋德紀念專刊〉寫下感人至深的〈哭瑋德〉一文。其中有：

瑋德，你真的就這樣與我永訣了？天，告訴我，這是一場夢！從此我這間書房不再有你的足跡？不，我不相信。瑋，你不是愛我這裡還幽靜？你不是講過要每天到我這裡來讀讀書寫寫字？這書，這紙，這筆不全有你的手漬，這壁上掛的不是你寫的兩首詞？瑋瑋，來，這地方是你熟悉的，還有你愛如生命的初初兩眼望穿地等著你！來，瑋，讓我再摸摸你的額頭是否又在那兒發燒？要我再看看你那青癯的臉是否又有幾分消瘦？這些不是都是我平日所擔心的？你就忍心不再教我擔心下去？瑋，我倆還有未了之願哩，你忘了？讓我們再談談我們理想的幸福，你不是愛在人面前得意驕傲，你說有我永遠在你身邊你一生是幸福快樂的？怎麼，瑋，你就這樣不留戀地一個人走了？天，這是怎麼一回事？……

瑋，我告訴你，你可以放心。你的身後的一切得辦理，全是六姑依照你生時帶玩笑囑咐她的。大紅綢子蓋在你的全身後，將你抬到冰床上，我守在你的身旁直到半夜。我時時揭開綢巾用我的臉去溫暖你的臉，你臉上盡是我的淚水，你可覺得？我輕輕叫你，你可聽見？我總以為你是熟睡了，我不敢作聲，怕將你驚醒。第二日早上是你裝殮的時候，瑋我告訴你，你准歡喜，你的全身是我的熱淚為你擦淨的，你的頭髮我給你輕輕梳好。瑋，你放心，你並沒有絲毫可怕的樣子！你的面貌如生，嘴角往上蹺翹的微微露出一列潔白整齊的牙齒，還帶有生前微笑時那一點嫵媚。你穿著我給你做的一套絲棉褲襖，你一定覺得異常溫暖。你不是頂愛我給你寫的那些信，你講過要我放在你的身邊，還有我的照片也都一起永遠依伴你。瑋瑋，你不會寂寞！可恨那班野人，他們硬將你抬入一個可怕陰氣沉沉的木箱子裡面，蓋上不夠，還得加上釘，那一下一下捶打的釘，全釘入我的心！

黎憲初的深情是感人，詩人吳宓在輓方瑋德的詩八首中的第五首，便是讚美黎憲初的深情的，詩云：「哭君誰最痛，梵妮卜郎恩。緣短別仍久，情深泣代言。半年就藥餌，臨歿易衾袢。篋裡瑤函秘，嘔心認血痕。」（原注：梵妮卜郎恩Fanny Brawne乃濟慈所愛之女子。）

方令孺在〈悼瑋德〉文中說：「瑋德的死，不止是我們個人心裡極大的創傷，也是這個時代的損失。瑋德那可愛的人格，若大家能多知道他些，我相信人人都要惋惜。」而好友常任俠當時在日本，半個月後得知噩耗，他寫下〈輓歌——東京聞瑋德死寫此紀念〉詩云：

一個具有無上靈感的歌人，
你疲倦於人生之旅途而永眠了。
你曾為女體寫下莊嚴的讚歌，
你為他人流淚也引起他人之流淚。
你善說詩一樣的美麗的誑語，
但你有一顆真純的不變色的心。
你歌頌夜與星光與月子，

你也歌頌海與河流山巒與洲嶼。
你流連於古老的殿堂，
愛九龍妖嬌之雄姿。
你也徘徊於榕蔭之炎天，
向吞吐之海波而擁抱。
在暗夜你說夢見一道新的光明，
一個墜去的炎陽從西方又升起。
你將狀寫時代之奔流，
做一鼓吹手走向歌人之前列。
但你忽然疲倦而永眠了，
帶去你無盡的靈感也留給我們以悲哀。
能凌大海之波濤而來一入夢寐嗎？
望海西之無字謹招故人之魂魄。

黎憲初與方瑋德兩年多的數百封情書，是以真摯的情感和優美的文字寫成的。方瑋德的表兄美學家宗白華就說過：「他們的情書瑋德曾讓我窺讀一部份，我看在現代新文學裡尚未見過這樣文情並美的情書。」（〈曇華一現〉）可惜的這批情書，後來（大約一九三六年）黎憲初曾集中一起交沈從文整理保管，大概是準備出版。「七・七」盧溝橋事變後，沈從文逃離北京，這些情書也不曾帶出，在抗戰戰火中，恐早已亡佚了。本文所引用的兩封，是黎憲初抄錄發表於〈瑋德紀念專刊〉而唯一存留者。

黎憲初的〈哭瑋德〉一文悲惋悽愴，當時傳誦一時，陳之邁在〈亡妻黎憲初〉文中就說，他首次聽到黎憲初這個名字，是因為看到這篇文字。陳之邁（1908—1978）廣東番禺人，一九二八年清華大學畢業後，赴美留學，一九三四年獲哥倫比亞大學哲學博士學位。回國任清華大學政治系教授。陳之邁回憶他是在一九三六年秋天初次認識黎憲初的，他說那天我和清華大學教授吳宓（雨僧）、陳岱孫在中山公園來今雨軒品茗，遇到憲初和她的家人。「憲初是吳雨僧的學生，走過來打招呼。是時她的未婚夫方瑋德病逝不久，她穿著黑色旗袍，不施脂粉，給我以很深的印象。吳雨僧當時說，下星期日中午他將在東興樓宴請一位英國文學家，約憲初、岱孫和我作陪，我們都答應了。那時我心中不禁暗喜，因為這項應酬使我又多一次與憲初相晤。東興樓之約很盡歡，那位英國文學家及其夫人都很有風趣，談笑風生。憲初則仍是穿著黑色旗袍，淡裝素抹，偶而參加談話，英語流利，給人以一種溫文儒雅的印象。」

其實像吳宓等人，都對黎憲初有好感。據吳宓一九三六年七月十二日的日記說：「按宓現今所接近之諸女士中，（一）敬（指張敬）與宓在精神思想（文學藝術）上，最相契合。（二）絢（指陳絢）於事務及實際生活，最能幫助宓，使宓舒適。（三）錚（指方錚）日常與宓晤談過往之機會最多，對宓最熟悉。（四）憲初（指黎憲初）如昔之薇（指歐陽采薇），可稱社交美人，且又具歷史之關係，戀愛痛苦之同情。然宓愛以上諸君皆不如K（指高棣華）。宓愛K正如昔之愛彥（指毛彥文），而K之年少活潑天真處則又似薇。然若論（1）年齡之相差；（2）師生關係之受攻訐；（3）K友朋甚多，而不易取得；論此三點則K似若最不適宜於宓之愛。……然事實上，則宓之愛K勝過其他諸君，此亦未可如何之事。K而外，則為憲初。正如昔愛彥之時，亦頗繫心於薇也。但宓與瑋德（指方瑋德，黎憲初已故的未婚夫）為知友，則恒視憲初為吾友之妻或吾之弟婦（以未亡人守節）。又與黎錦熙先生為僚友，則又視憲初為世侄，為通家之晚輩。此二觀念，反使宓不能對憲初親近。合以上種種，在宓之寸心中，憲初實不抵K；此則由真切之經驗及感觸而可知者也。」

一九三七年二月十二日《吳宓日記》云：「四時半見黎錦煦（劭西）君。據云，其夫人之病，近日略有轉機，因其女憲初以己血輸入母體，故母大見好，一時得延壽命云云。按古有割股療親，今則輸血。凡孝與愛，皆出天性。憲初本多情之人，其賦性如此，故愛瑋德若斯之篤。又侍母疾，今乃輸血。事固一源，誠可欽敬者矣！」

吳宓雖對黎憲初有意，「但以（一）瑋德為我之友若弟，憲初終為瑋德之憲初，我不應取之。且（二）我曾有心一及彥之往事……」。因此吳宓決定將憲初介紹給翻譯家周煦良。一九三七年四月十一日，吳宓約了雙方在中央公園來今雨軒見面，「憲初來，著深紫色小花袍，黃色外套。仍患咳嗽。少坐，同遊步。由煦良邀請至玉華台晚飯。進酒甚多。煦良興甚豪，頻勸酒，而憲初亦飲之甚多。窺其情形，似孟光已接了梁鴻案矣。宓是日仍感躕躇，對憲初多失態而且自傷舊事，鬱鬱不樂。然宓介紹之責已盡，今後煦良與憲初當聽其自然發展矣。」但是周、黎兩人性情不合，煦良很快就又回南方了。此事就不了了之。

陳之邁說盧溝橋事變爆發之後，他和陳岱孫又再次在天津旅館遇到憲初。「她告訴我們說，北平淪陷時她的父親適時在河南講學，她現在正在奉母回湘，交通工具已有著落，明日啟程。這時是民國二十六年九月上旬。」後來北大、清華、南開遷往長沙，陳之邁說：「有一天我去探望我素所景仰的陳寅恪先生，地址是長沙麻園嶺北大路王家巷四號。我到了之後才發現這是黎劭西先生的寓所，因此我又再度見到憲初，真可謂有緣。憲初告訴我，我們在天津旅館把別之後，她便奉母搭船南下，所謂艙位只是甲板的一個角落，風吹浪打，到長沙後她便病倒了，幸虧長沙有湘雅醫院，總算治好了。我看她比以前清瘦了些，說話聲音微弱，兩唇有點抖戰。她所穿的仍是深色旗袍。從這個時候起，憲初和我時常在一起，她的健康逐漸恢復，最令我高興的是她開始打扮起來，穿較鮮豔顏色的衣服，薄施脂粉，指甲也塗上淺紅色的蔻丹，正所謂『女為悅己者容』。民國二十六年十二月初，在一個月色朦朧的夜晚，我們同意結婚，婚期訂在翌年的一月十五日。」

吳宓則略晚於陳之邁在長沙黎宅見到憲初，一九三七年十一月二十五日的日記中說：「在北平時，憲初還我一書，中誤夾紙條，隨意書寫陳之邁之名，宓為心動。時在宓中央公園宴請之後。日前（十一月二十日）在此初見憲初。憲初述南下途中情形，無意中，亦云：『在天津火車中，遇見清華教授陳之邁等多人』。以此二微事，宓斷為憲初心實愛邁。」十二月三日日記文云：「宓告憲初以邁在美國與猶太美婦同居二年事。憲初認為『此無可非議』。宓於是知憲初已傾心於邁，……宓不禁悵然如有所失。」

陳之邁回憶道：「結婚的禮堂設在長沙一座湖南館子『三和酒家』，證婚人自然是清華大學校長梅月涵（貽琦）先生。喜筵二十桌，酒過三巡，來賓致詞，蔣夢麟、傅孟真（斯年）、楊今甫（振聲）、潘光旦等先生都講了話，詼諧百出，傅孟真、楊今甫兩位先生並且威脅『鬧房』。潘光旦先生送的禮品是紅箋橫披『三和四喜』，『三和』是指結婚的場所『三和酒家』，『四喜』是指憲初在清華肄業時是女生中渾名『四喜丸子』之一，其他三位為歐陽采薇、李家瀛、蔣恩鈿（按：陳之邁誤記，當為尹萃英），引起大家的讚賞。是時戰端初起，大家心情沉重，我們的婚禮能使大家輕鬆半天。」

一九三八年陳之邁因蔣廷黻之推薦，受任行政院參事，是陳之邁從政之始。陳之邁說：「憲初對於我改任行政官吏，頗感躑躅。她出於世代書香家庭，嫁的是一位大學教授，實無意做一位公務員的妻室。但是她也能體諒我的苦衷，說定抗戰勝利之日我們便回北平，在過研究學問的安閒生活。」一九四四年六月二十一日，陳之邁自重慶搭機赴美，擔任駐美大使館參事。隨後黎憲初也帶著女兒陳歌、兒子陳歆乘船赴美，與陳之邁會合，一家大小住在華盛頓一所公寓。同所公寓還住著蔣廷黻和郭秉文。

「在美國做家庭主婦是相當辛苦的。憲初在重慶時無論如何還有傭人，在美國則一切要自己操持，每天要做三餐販，整理臥室，打掃房間，洗滌衣物，正所謂『日行千里，足不出戶』。憲初到美國原想進修學業，但進大學則殊無可能，多讀多聽則儘有機會，果然到美不久，她的英國語文大有進步。做外交官的妻子必須交際應酬，憲初雖不太熱中於此，卻能應付自如。她具東方女性的特徵，端莊嫻靜，深為外國人士所讚美。」

美好的事物，常常是短暫的，所謂「好夢由來最易醒」。這原本和樂美滿幸福的家庭，卻是那麼短暫的時光。陳之邁說：「憲初的健康一向很好，不料在民國四十年八月初，她自己發現她的右乳內有硬塊，當即延醫診斷，判定為乳癌，於八月十三日施行手術。醫生當時即密告我，她的病情嚴重，在治療期間只能儘量減少她的痛苦，大約可有兩年時間。在這兩年期間，她曾幾度進入華盛頓及紐約的醫院治療，不幸始終沒有好轉的信息。她自己知道她的病情嚴重，但絕不說一句感傷的話，痛苦時咬緊牙關熬過去，稍好時還是笑瞇瞇的，免得使我傷心。我知道她不願哭哭啼啼，故也忍住眼淚。憲初就是這樣體貼，這樣勇敢的人。」後來胡適建議陳之邁，找個地方讓她療養，於是陳之邁決定在華盛頓附近馬利蘭州一個名為「柳濱」（Willows' Beach）的海邊租了一所小房子，讓黎憲初好好養病。後來病情轉劇終於在一九五三年八月三十日上午二時三刻，與世長辭了。享年只有四十二歲。

王國維〈蝶戀花〉詞云：

> 閱盡天涯離別苦，不道歸來，零落花如許。花底相看無一語，綠窗春與天俱暮。待把相思燈下訴，一縷新歡，舊恨千千縷。最是人間留不住，朱顏辭鏡花辭樹。

曾經是意氣風發的年輕詩人，曾經是如花綻放的紅顏，都教雨打風吹去，於是朱顏辭鏡花辭樹，「最是人間留不住」！陳之邁後來繼配是趙荷因女士，趙女士的父親是趙國材（1879—1966），字月潭，清末民初教育家、外交家，曾兩度任清華學校代理校長。趙荷因曾擔任蔣廷黻祕書，而得識陳之邁。

秀威經典　PC1117

青史未老

作　　者／蔡登山
責任編輯／周政緯
圖文排版／許絜瑀
封面設計／魏振庭

出版策劃／秀威經典
發 行 人／宋政坤
法律顧問／毛國樑　律師
印製發行／秀威資訊科技股份有限公司
114台北市內湖區瑞光路76巷65號1樓
電話：+886-2-2796-3638　傳真：+886-2-2796-1377
http://www.showwe.com.tw
劃撥帳號／19563868　戶名：秀威資訊科技股份有限公司
讀者服務信箱：service@showwe.com.tw
展售門市／國家書店（松江門市）
104台北市中山區松江路209號1樓
電話：+886-2-2518-0207　傳真：+886-2-2518-0778
網路訂購／秀威網路書店：https://store.showwe.tw
國家網路書店：https://www.govbooks.com.tw

2023年12月　BOD一版
定價：350元

讀者回函卡

國家圖書館出版品預行編目

青史未老 / 蔡登山著. -- 一版. -- 臺北市：秀威經典, 2023.12
面； 公分 -- (秀威經典 ; PC1104)
BOD版
ISBN 978-626-97571-4-5(平裝)

1.CST: 人物志 2.CST: 中國

782.18 112020271